図解

眠れなくなるほど面白い

体幹の話

著者
プロトレーナー
木場克己
Katsumi Koba

日本文芸社

はじめに

「体幹」という言葉を聞いたとき、どんなイメージが浮かびますか。かつては意識の高いアスリートが競技のパフォーマンスを高めるために鍛えていた体幹。近年は、健康やダイエットに関心のある人たちもトレーニングしている体幹。

でも、そうでない人も、ぜひこの本を手に取って読んでみてください。体幹は、日常生活のあらゆるシーンに深く関わっています。

たとえば、出会いの行方を大きく左右する第一印象。すらりと伸びた背筋や美しい姿勢、スマートな身のこなしは、体幹バランストレーニングから生まれます。

それだけではなく、朝のすっきりとした目覚め、通勤・通学中に疲れにくく仕事や学業、趣味に集中できる理想的なコンディション、腰痛や肩こりとは無縁のしなやかさ、万が一のアクシデントでもけがをしにくい安定感、精神的なストレスにも強いメンタルを手に入れることができるのです。

子どもは心身ともに健やかに成長期の可能性を伸ばし、シニア世代はリタイア後の人生を生き生きと楽しめるようになります。

体幹を鍛えるだけで、人生を左右するほど体や心が変わるのはなぜなのか、本書では豊富なデータや図解、身近な例を元にわかりやすくお伝えしています。

トレーニング編では、外からではわかりにくいインナーマッスルも的確に刺激できて、無理なく続けられる種目を選びました。

新型コロナウイルスの世界的なパンデミックによって、私たちの日常は大きく変わりました。でも、体幹トレーニングは、誰でも自宅でできるセルフケアです。ご自身や家族を守るために、末永くお役立ていただければと願っています。

一般社団法人ＪＡＰＡＮ体幹バランス指導者協会
代表　木場克己

The core of the body

第4章 いざ実践！ 体幹トレーニング

the core of the body

第1章

最強の体になるための“体幹力”

痩せてもきれいに見えないのは体幹が弱いせいだった

残念な見た目、痛みや老化の原因にも

「ダイエットしたのにちっとも痩せて見えない」「年齢よりも老けて見られる」「暗い、やる気がないと誤解されがち」など、自分は見た目で損をしていると感じたことはありませんか。これらの悩みは、実は一気にまとめて解決することができます。その鍵を握っているのが「姿勢」であり、姿勢を維持する「体幹力」です。背筋をすっと伸ばして、よい姿勢に変える。ただそれだけで、相手に与える印象は格段にアップします。

目の前に大切な相手がいるときや、写真を撮るときは必ず姿勢を整えるという人も、仕事や家事に集中していたり、一人でくつろいでいたりする姿はまるで別人になっていませんか。普段の姿勢に無頓着だと、見た目で損をするだけではありません。肩こりや腰痛の原因のほとんどは、日常生活の姿勢や、体の使い方にあります。疲れやすい、寝ても疲れが抜けにくい、朝から気が滅入るというときも、背中が丸くなって下ばかり向いていないか要チェック。姿勢はメンタルやアンチエイジングとも深く関わっています。

一方、「よい姿勢が大切なのはわかっているけれど、なかなか持続できない。気がつくと楽な姿勢に戻ってしまう」という人もいるでしょう。それは、まさに体幹が弱っている証拠。まずは自分の姿勢のタイプを見極めて不調の原因を探り、美しい姿勢を取り戻しましょう。

日常の姿勢が不調の原因に

「姿勢」はすべての動作の根幹になるものです。普段の何気ない姿勢が
体の痛みや不調を引き起こす原因になるかもしれません。

パソコンを見るとき

画面をのぞき込むように見ると、視線が落ちて背筋が曲がってしまいます。

スマートフォンを見るとき

SNSやゲームなどに夢中になり、頭が下がって首の周りの筋肉が緊張状態に。

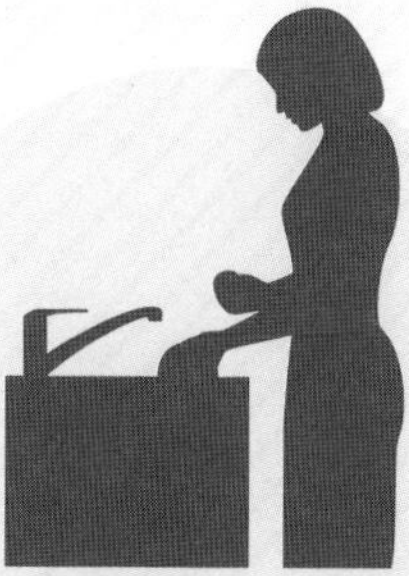

皿を洗うとき

お腹に力が入っていない状態でいると、頭が前に出て猫背や「反り腰」に。

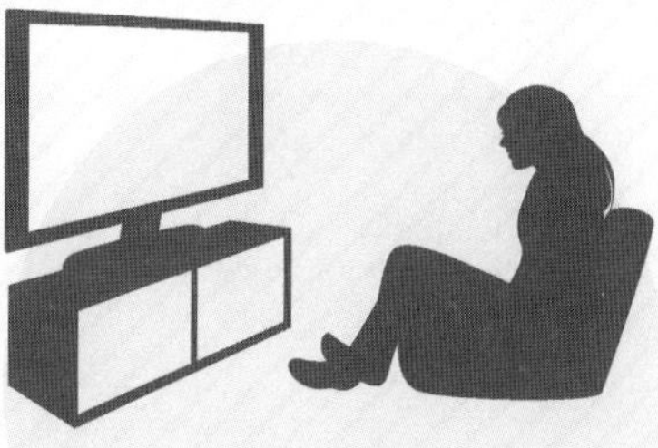

テレビを見るとき

柔らかいソファーに長時間座ってテレビを見ていると、背中や腰が丸まってしまいます。

普段の姿勢を確認してみよう!

あなたはどの姿勢パターン?

普段やってしまいがちな4つの姿勢をご紹介します。当てはまるものがあったら要注意。
楽な姿勢だからと続けていると、思わぬ不調につながります。

頭が前に出て首が伸びている

→ P14へ

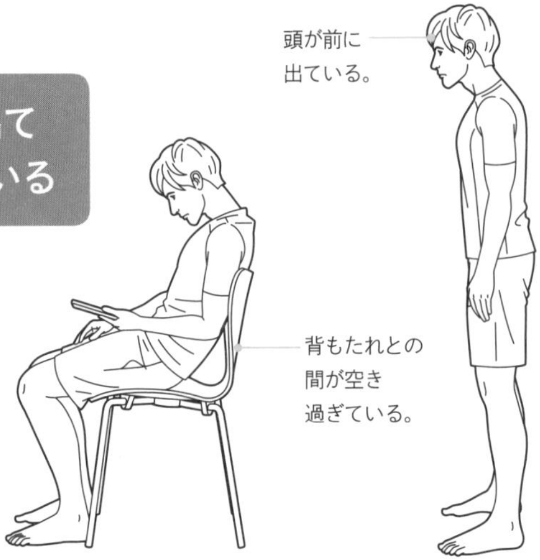
頭が前に
出ている。
背もたれとの
間が空き
過ぎている。

背中が丸くなっている

→ P16へ

肩が
丸まっている。
背筋が
曲がっている。

腰が反っている

→ P18へ

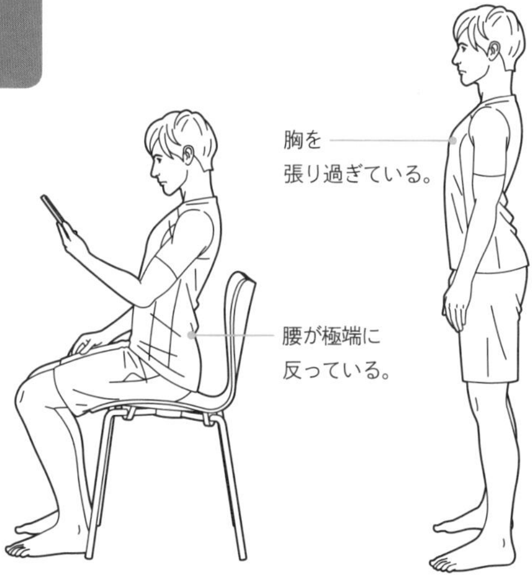
胸を
張り過ぎている。
腰が極端に
反っている。

脚を組むくせがある

→ P20へ

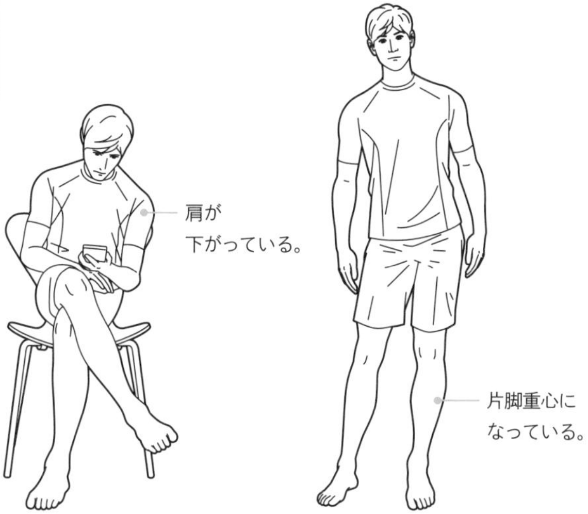
肩が
下がっている。
片脚重心に
なっている。

若い世代に増えている「頭下がり」

頭痛、肩こり、猫背、腰痛の入り口

ライフスタイルが変化すると、以前にはなかった健康問題が生まれます。「頭下がり」という不自然な姿勢もそのひとつ。姿勢が崩れる大きな要因に筋力の低下があげられますが、**頭下がりは筋力のある若い世代にも多く見られます。**

「ケータイ社会白書2019年版」によると、小学1年生でもすでに5割以上、中学3年生になると約9割の子どもたちが、日常的にスマホやケータイを使っています。ゲームや動画、ＳＮＳなどに夢中になると、時間を忘れて小さな画面をのぞき込みがち。姿勢を見ると、画面に吸い寄せられるように頭部が前方に伸び、首の後ろの筋肉が引っ張られて緊張した状態になっています。若い世代は筋力や柔軟性があるので、最初のうちは痛みや不調を自覚することはほとんどありません。しかし、**こうした不自然な姿勢が長期間続くと、過緊張で筋肉がこわばり、ひどくなると寝違えや首が回らないなどの症状が現れます。小中学生に増えている頭痛や肩こりの一因でもあります。**

頭下がりだと腹圧が弱くなり、猫背や腰痛の原因にもなります。体幹バランスが悪くなって、スポーツのパフォーマンスにも影響するので、一生懸命練習していてもなかなか上達しない、大事な試合で結果が出せないということも。便利で手放せないからこそ、スマホやケータイを使うときの姿勢に気をつけて、賢く利用したいものです。

頭下がりによって起こる不調

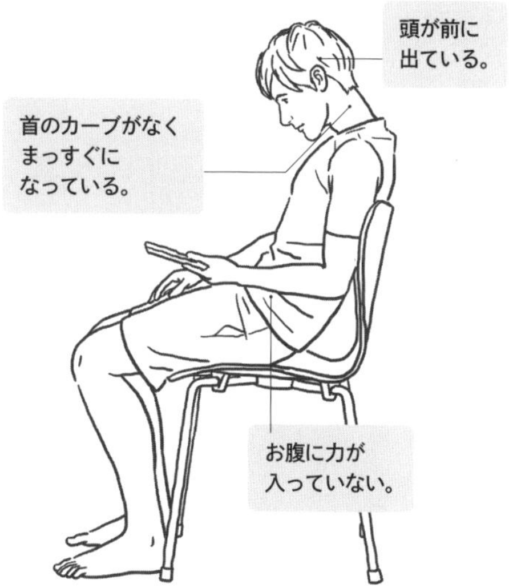
頭が前に
出ている。
首のカーブがなく
まっすぐに
なっている。
お腹に力が
入っていない。

頭が前に出て首が伸びると、首の周りの筋肉が緊張し関節も硬くなります。
この状態が続くと、血流が悪化して肩こりや頭痛などを引き起こします。

- 肩こり
- 寝違え
- 頭痛

などの原因に！

若い人ほどなりやすい頭下がり

長時間座りながら
スマホなどの画面を見ている

↓

筋肉があるので
頭の重さを支えられてしまう

↓

頸《けい》部《ぶ》が引っ張られて
頭が前に出る

スマホなどを使う時間が長い若い世代に多く見られる姿勢です。
また、若い人は比較的筋肉があるので、頭が前に出た状態でも支えられるため、頭下がりの状態を維持できてしまうのです。

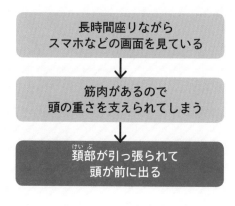

あらゆる不調を引き起こす「猫背」

慢性疲労や免疫力低下など影響は全身に

悪い姿勢の代名詞ともいえる「猫背」。長時間のスマホやパソコンなど、同じ姿勢を続けていると、背中が丸くなりがちです。背筋を伸ばしているときより、丸めているときのほうが長いと、そのほうが楽だと感じるようになります。正しい姿勢を保つ腹横筋や多裂筋も使われず、徐々に筋力が低下します。

猫背は体に想像以上の負荷をかけています。人間の頭の重さは体重の約1割、体重60kgの人なら5～6kgで、重いボウリングの球が乗っているようなものです。背中が丸くなればなるほど首や肩にかかる負荷が増えます。ニューヨークの脊椎外科医ケネス・ハンスラージ氏(Dr. Kenneth Hansraj)の研究によると、頭を前に15度傾けると頸椎《けいつい》(首の骨)にかかる負荷は約12kg、60度傾けたときは約27kg(頭の重さの約5倍)もの負荷になるというのです。

それを支えている頸椎をはじめとする背骨と、首・肩・背中の筋肉は、悲鳴を上げています。首こり、ストレートネック、肩こり、四十肩、五十肩、目の疲れ、腰痛はいうに及ばず、自律神経の乱れや慢性疲労、免疫力の低下など、影響は全身に及びます。シニアの場合は、運動能力の低下から、けがやフレイル(虚弱状態)、認知症などになる可能性も高くなります。たかが猫背と思わずに、体幹を鍛えて予防・改善に努めましょう。

猫背によって起こる不調

背中がだらしなく
曲がっている。
お腹が圧迫され、
腰に負担が
かかっている。

猫背は、体を圧迫して大きな負担をかけてしまう姿勢です。目の疲れや肩こりだけでなく、腰痛や便秘、自律神経の乱れも引き起こします。

肩こり

腰痛

便秘

などの原因に！

頭の重さはボウリングの球1個分!?

人の頭の重さは体重の約10％です。体重60kgの人の頭の重さは約６kgとなり、
ボウリングの球（13ポンド）と同じくらいの重さになります。
猫背では、頭の重さの数倍の負荷が首・肩・腰にかかり、様々な不調を引き起こします。

頭の重さ＝体重の約10％

体重が60kg の人の場合……

頭の重さは約6kg

➡ボウリングの球１個分とほぼ同じ！

一見よい姿勢？だけど危険な「反り腰」

慢性腰痛の原因、スタイルも悪くなる

しっかりと胸を張った一見よい姿勢に見える「反り腰」にも要注意。自覚していない人も多いのですが、反り腰は簡単にチェックすることができます。靴を脱いで壁の前に立ち、かかとは壁から離して頭・背中・お尻を壁につけます。壁と腰のすき間に手を入れたとき、握りこぶしが入るほど余裕があると反り腰です。

骨盤を「たっぷり水が入ったバケツ」だと想像してみてください。体幹の筋肉がしっかり働いていれば、バケツ（骨盤）は水平に保たれて水はこぼれません。反り腰は姿勢を維持する筋肉が衰えて、バケツが常に前に傾いている状態です。そうすると、バケツの水がこぼれるように、骨盤の中に納まっている内臓が前にせり出して、お腹が突き出た姿勢になります。骨盤が前に傾いたままで前に倒れないようにバランスをとろうとするので、反り腰になってしまうのです。腰を痛めやすい姿勢で、太腿の前側の筋肉にも過度な負担がかかっています。「太っていないのに、お腹ぽっこりで太腿の前側が張っている」と悩んでいるなら、反り腰を疑ってみましょう。体幹力の衰えに、体の背面の筋肉の柔軟性不足、ハイヒールをよく履く、妊娠や急激な体重増加による体型変化といった要因が重なると、反り腰になりやすくなります。慢性的な腰痛、むくみ、外反母趾《ぼし》、巻き爪などを招く前に改善したいＮＧ姿勢です。

反り腰によって起こる不調

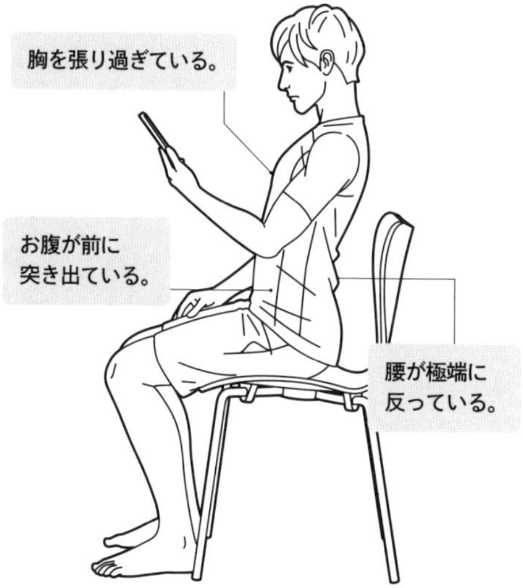
胸を張り過ぎている。
お腹が前に
突き出ている。
腰が極端に
反っている。

腰を極端に反らせてしまうため、骨盤のゆがみの原因に。腰痛を引き起こすだけでなく、お腹が前に突き出て、太っているように見えてしまいます。

腰痛

むくむ

お腹ぽっこり

などの原因に！

反り腰のチェック方法

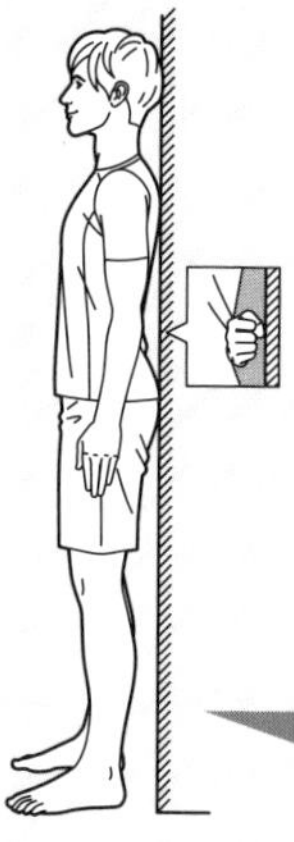

1. 靴を脱いで壁の前に立つ。
2. 頭・背中・お尻を壁につける。
3. 壁と腰のすき間に手を入れる。

握りこぶしひとつ分が入ったら反り腰！
手が入る余裕があるほど反り腰の傾向があります。

「脚を組んだほうが楽」は体がゆがんでいるサイン

悪い習慣はやめてブレない軸をつくる

なにげないくせや習慣も体幹力の低下や姿勢の崩れを教えてくれます。たとえば、「ショルダーバッグはいつも同じ側の肩にかける」「いすに座るとすぐに脚を組む」という習慣は、体のゆがみの原因になります。さらに、「脚を組まないと落ち着かない」「脚を組んだほうが楽」という場合は、骨盤の高さに左右差が生じるなど、すでに体がゆがんでいる可能性があります。

脚を組んでいると、上げている脚は楽ですが、下側の脚に重心が偏り臀部《でんぶ》の筋肉が圧迫されます。筋力や柔軟性もアンバランスになって、普段の姿勢にもゆがみが生じ、骨盤が次第に傾いてきます。

全身は骨や筋肉で複雑に連結・連動しているので、骨盤が傾いたまま重い頭や上体を支えようとすると、様々なところに影響が及び、左右の肩の高さや脚の長さも違ってきます。ゆがんだ体は、噛み合わせの悪さや頭痛、肩こり、腰痛など、全身の不調を引き起こしてしまうので、脚を組む習慣はすぐにやめましょう。

野球やサッカー、テニスなど、体の使い方に左右差の大きいスポーツでも、体にゆがみが生じて、けがに悩まされることがあります。アウターマッスルに比べて、インナーマッスルが弱いとゆがみや痛みが出やすくなります。体幹を鍛えて体の中にブレない軸をつくることが、けがの予防やパフォーマンスの向上につながります。

脚組みによって起こる不調

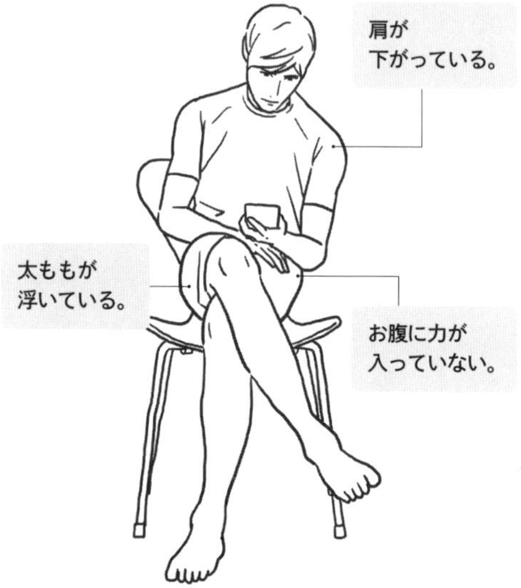
肩が
下がっている。
太ももが
浮いている。
お腹に力が
入っていない。

脚を組んでしまうのは無意識に体を安定させようとするから。骨盤のゆがみや、たれ尻、脚が太くなって体型が崩れたり、腰痛を引き起こしたりする原因にもなります。

腰痛

たれ尻

脚が太くなる

などの原因に！

みるみる体型が崩れていく!?

脚を組むと、組んだほうの脚のお尻の筋肉が使われなくなり、たれ尻の原因になります。
弱くなったお尻の筋肉を補うために太腿の筋肉が使われて太くなる
負のスパイラルに。骨盤や背骨にも影響が及び、側弯症の原因にもなります。

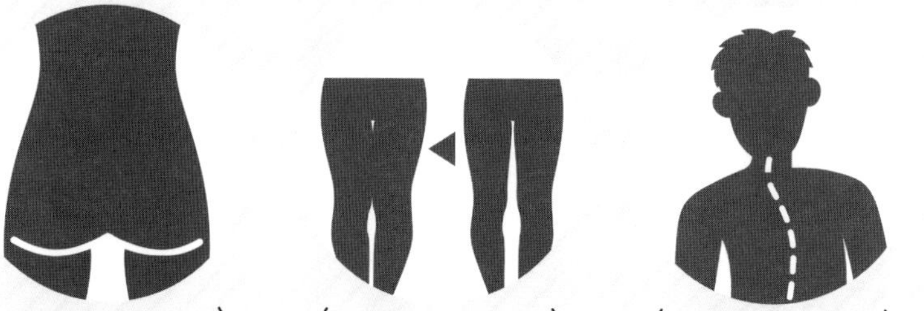

／ たれ尻に！ ＼　／ 太腿が太く！ ＼　／ 側弯症に！ ＼

正しい姿勢を身につけよう！

正しい姿勢は不調を防ぎ体幹が鍛えられる

正しい姿勢は見た目が美しいだけでなく、肩こりや腰痛などの不調を起こしにくく、集中力がアップして気持ちも前向きになるのでぜひ身につけたいもの。具体的にどんな姿勢がよいのか、実践してみましょう。

背筋を伸ばしてあごは軽く引いて立ちます。正面から見て、左右の肩や骨盤の高さが同じかどうか確認します。横から見ると、耳・肩・股関節・膝・くるぶしを結ぶラインがまっすぐで、手が太腿の真横に自然にきていればＯＫです。背中が丸くなっていると、手は真横よりも前に出てしまいます。いすに座っているときも、耳・肩・股関節が一直線に並ぶようにします。足の裏を床につけて、股関節の角度と膝の角度はそれぞれ90度を目安に座面の高さを調節しましょう。低いいすや体が沈み込むような柔らかいソファーは、腰への負担が大きいので要注意。また、立っているときの椎間板への負担を１００とした場合、座っているときは１４０、前傾して座ると１８５にもなります。デスクワーク中心の生活なら、座りっぱなしにならないようにときどき体を動かして腰痛を予防しましょう。

正しい姿勢のときは、立位でも座位でもお腹にきゅっと力が入っていて、体幹が自然に鍛えられます。ドローインを身につけると、この感覚がわかるようになり、姿勢が維持しやすくなります。

正しい姿勢は耳・肩・股関節が一直線

耳・肩・股関節が一直線上に並んでいる状態がベストな姿勢です。立ち姿勢の場合は、膝とくるぶしも一直線上に並ぶようにしましょう。座った姿勢の場合は、上半身と股関節の角度と膝の角度がそれぞれ90度程度になるのが目安です。

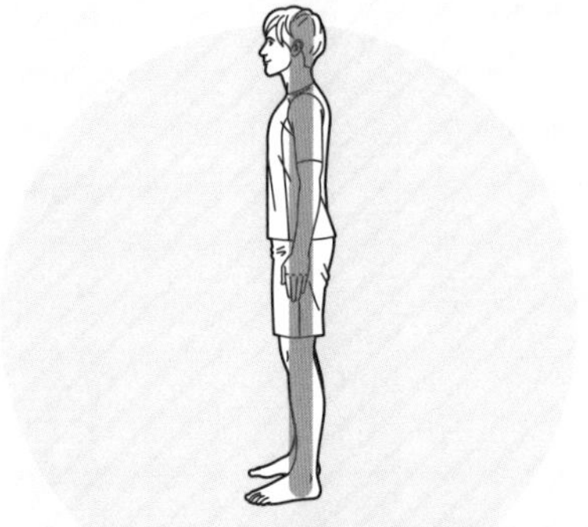

立ったときの姿勢

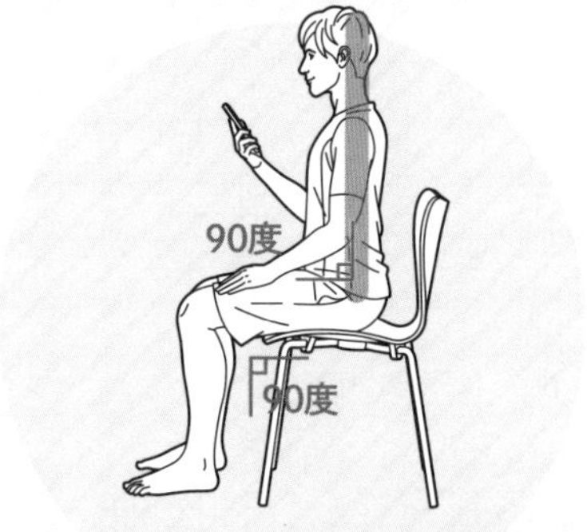

座ったときの姿勢

乱れた姿勢は体への負担が増える!

立っているときの椎間板への負担を100とした場合、正しい姿勢で座っていても140の負担がかかっています。前傾して座った際の負担は185まで上昇。体に負担のかかる姿勢を続けると、腰痛などの不調の原因になります。

正しい姿勢でも140

前傾姿勢になると185まで上昇!

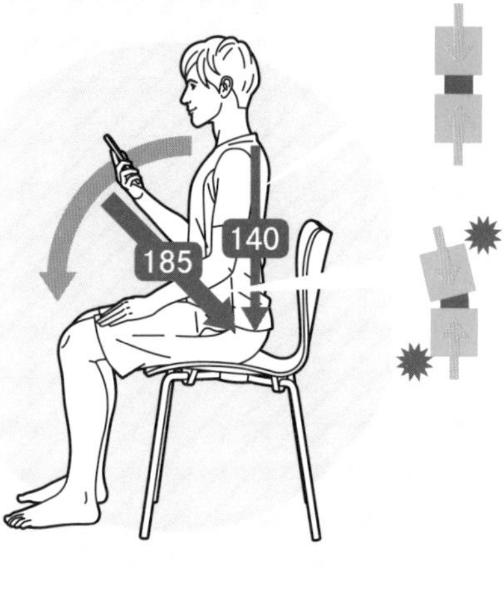

鍛えるべき「体幹」とは

動作の起点となり姿勢を維持する筋肉が集中

近年、「体幹」は健康や美容の面でも注目され、テレビや雑誌などで見聞きすることが増えています。実際に体のどの部分を指すのか確認しておきましょう。体幹という言葉はもともと医学用語で、体は頭部、上肢、体幹、下肢に分けられています。体幹とは胸部、背部、腹部、腰部の4つで構成されている胴体のことです。腕や脚に比べると、体幹の動きはわかりにくいのですが、「背骨や骨盤の向き、角度に影響を与える筋肉」が集中しています。つまり、姿勢を保つうえで重要な役割を担っているのが体幹です。

さらに、体幹の筋肉は日常の様々な動きに関わっています。たとえば、「歩く」「走る」といった動作で太腿を引き上げるときは、まず腰部の筋肉が働きます。脚と連動するように腕も振りますが、このときも腕の筋肉につながる背部の筋肉が最初に使われています。また、電車やバスが急に揺れたとき、とっさに脚で踏ん張り、転ばないように体幹でバランスをとっています。腕や脚を動かすためには、上半身と下半身の間にある体幹の筋肉が動かなければなりません。すべての動作のスタート地点は体幹なのです。

日々の暮らしの中で体幹の筋肉を使っていると自覚している人や、バランスよく鍛えられている人は決して多くはありません。なぜなら、重要な筋肉の多くは体の深部にあるからです。

体幹バランスに大切なのはここ!

体幹とは首から上、腕、足の部分をのぞいた部分（主に胸、背中、お腹、腰）のことを指します。姿勢の維持はもちろん、体を動かす起点となる場所です。
また、下半身を動かすお尻の筋肉も体のバランスをとるために欠かせません。

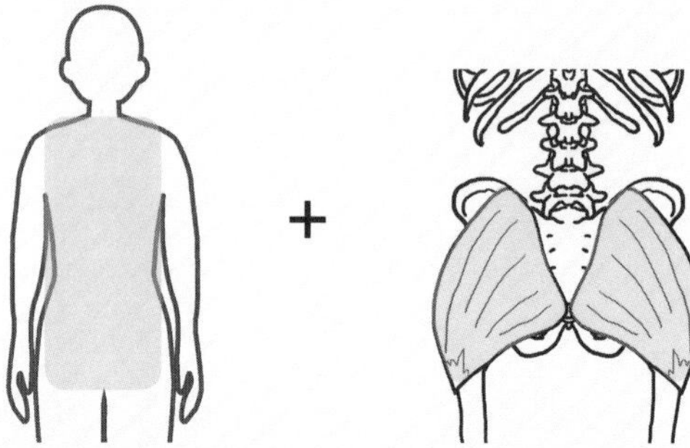

胴の部分　＋　お尻の筋肉

身近な動作で体幹力をチェック!

電車の揺れに耐えきれずよろけることが多い?

電車やバスの些細な揺れに耐えられない場合は、体幹力が衰えているかもしれません。思い当たることがあれば、今からでも体幹を鍛えはじめましょう。

電車の揺れに耐えきれない人は体幹力が弱まっているかも!

体幹はインナーマッスルとアウターマッスルのバランスが超重要！

体幹バランスの鍵を握る筋肉を意識して刺激する

私たちの体は、体の表層にあるアウターマッスルと、体の深層にあるインナーマッスルで構成されています。アウターマッスルは、腕の力こぶや割れたお腹など、鍛えた成果がわかりやすい筋肉です。モチベーションも上がるので、筋トレに励んでいる人も多いでしょう。一方、インナーマッスルは見たり触れたりすることが難しい、いわば裏方のような筋肉です。わかりにくいからこそ、ターゲットとなる筋肉の場所を知っておくことが重要なのです。

たとえば、ひと口に腹筋といっても、一番表層には外腹斜筋があり、その下に腹直筋と内腹斜筋、さらに最深部には腹横筋があります。これら4つの腹筋の中でも、体幹トレーニングで重視しているのは、インナーマッスルの腹横筋。息を吐く動作の主力筋で、腰部への負担を減らすコルセットのような役割も担っています。

トレーニングをするときは「今、ここに刺激を与えている」と意識しながら行いましょう。本来、すべての動作の起点として働くはずの体幹ですが、衰えているのは日常生活の中で十分に使われていないからです。体幹部の筋肉を刺激して、アウターマッスルとインナーマッスルがバランスよく鍛えられれば、見た目にも美しい姿勢が身につきます。さらに、疲れにくく動作にもキレのある理想的な体を手に入れることができるのです。

体幹に関わるインナーマッスルとアウターマッスル

体幹とは基本的に、頭・腕・脚を除いた胴体部分のことを指します。
筋肉は層になっており、体幹の大部分を占めるお腹の筋肉では、
外側から外腹斜筋、その下に腹直筋、内腹斜筋があり、深部に腹横筋があります。
トレーニングをする際には、アウターマッスルに注目しがちですが、
体幹を鍛えるためには、アウターマッスルとインナーマッスルを
バランスよく鍛えることが重要です。

お腹の筋肉のイメージ

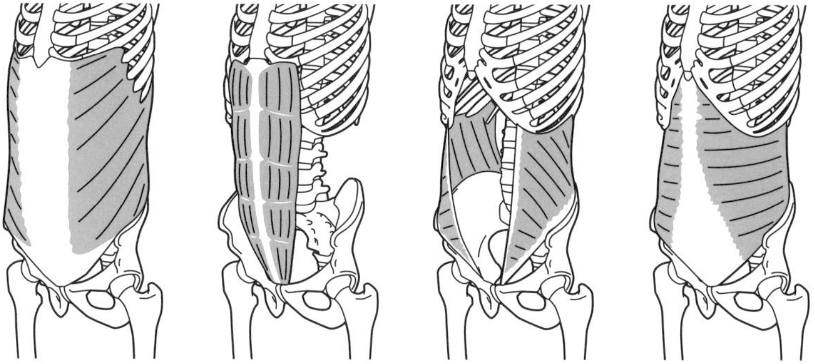

外腹斜筋　腹直筋　内腹斜筋　腹横筋

アウターマッスル　インナーマッスル

体幹無視のダイエットでぽっこりお腹に

腹圧を上げればお腹は引き締まる

ダイエットに励む人の多くは「ただ痩せたい、細くなりたい」というよりも、「気になる部分をキュッと引き締めて、メリハリのある体を手に入れたい」と思っているのではないでしょうか。体脂肪を減らすには、「摂取カロリーを減らして、消費カロリーを増やす」です。でも、大好きなスイーツを我慢し、ウォーキングやジョギングを続けていても、ぽっこりお腹やくびれのないウエストは相変わらず……。それもそのはず、体脂肪を減らしただけでは、お腹は引き締まらないからです。

もちろん、皮下脂肪や体脂肪が増えれば、ウエストも太くなります。でも、手足は細いのにお腹はぽっこりという人も少なくないはず。太っていても痩せていても、お腹周りが引き締まっていない人は「腹圧（腹腔内圧）が弱い」のです。腹腔とは、横隔膜の下で主に消化に関わる内臓が集まっている空間で、この内部の圧力を腹圧といいます。腹圧を左右しているのは、さらしを巻いたように腹部を支える腹横筋や、背骨を連結する多裂筋、天井部分に当たる横隔膜、そして骨盤の底部にハンモックのように広がる骨盤底筋群。これら4つのインナーマッスルがしっかり連携して腹圧が高くなると背筋が伸びて、お腹周りも自然と引き締まります。こうした体の仕組みを知らずにダイエットをすると、基礎代謝を減らしてお腹ぽっこりを加速、ということにもなりかねません。

体幹力がなければきれいに痩せられない！

「食事に気をつけているのになぜか理想のボディラインになれない」と感じている人は
体幹力不足かもしれません。腹圧がなければ、
どんなに食事制限をしても、ぽっこりお腹のままです。

腹圧が弱い

内臓を正しい位置に維持できず、背骨の反りが強くなります。

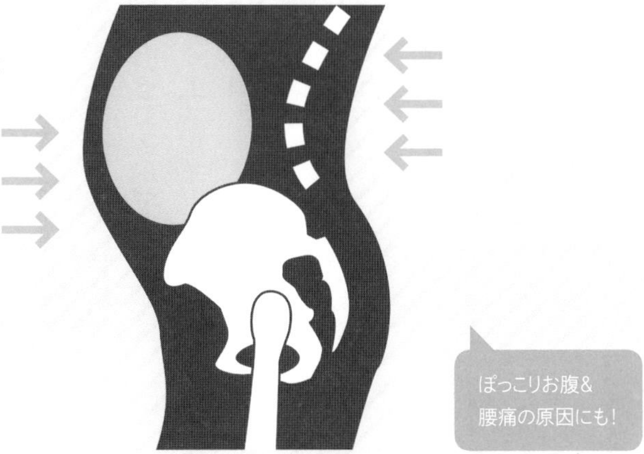
ぽっこりお腹&
腰痛の原因にも!

腹圧が強い

しっかりとお腹が支えられ、背筋も伸びて骨盤も安定します。

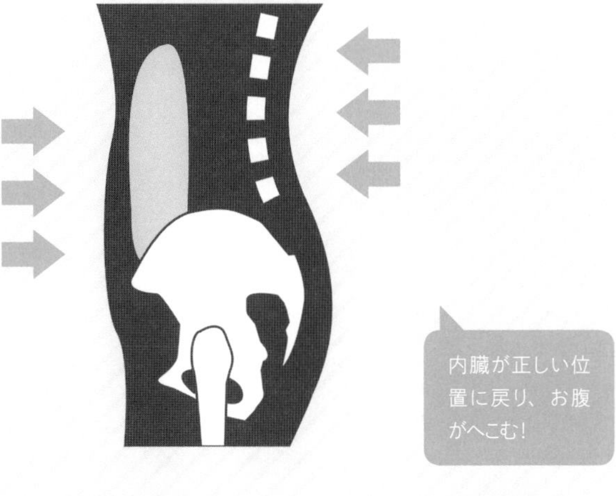
内臓が正しい位
置に戻り、お腹
がへこむ!

筋肉を目覚めさせて代謝をアップ！

基礎代謝とは寝ていても使われるエネルギー

私たちが一日に消費しているエネルギーのうち、日常生活や運動で体を動かすエネルギーは意外に少なく約30％、また食べ物を消化するために約10％のエネルギーが使われています。一番多いのは全体の約60％を占める基礎代謝。寝ていても使われるエネルギーで、このうちの約２割を筋肉が消費しています。筋肉には、体を動かすほかにも骨格を支える、体の熱をつくる、といった働きがあるからです。

ダイエットによる食事制限で摂取エネルギーが足りなくなると、体の中ではため込んだ脂肪とともに筋肉も分解し、エネルギーに変えて消費します。筋肉が減少すればするほど、寝ていても消費される基礎代謝が低下し、ますます痩せにくい体になってしまいます。基礎代謝の低下した体はリバウンドしやすく、脂肪は簡単に戻りますが、大切な筋肉は地道にトレーニングしなければ取り戻せません。これが、食事制限だけに頼ったダイエットの怖さなのです。

ところで、体を動かすとき、まず使われるのが体幹の筋肉でしたね。だから体幹を鍛えて眠っていた筋肉を目覚めさせれば、脂肪が燃焼しやすくなります。また、体幹を鍛えるためのストレッチにも、血流を促進して代謝をアップさせる効果があります。姿勢がよくなるだけでなく、引き締まった体も手に入るのです。

体幹力アップで基礎代謝もアップ

食事制限などのダイエットを行っているのに体重が減らない場合、基礎代謝の低さが原因かもしれません。基礎代謝とは、呼吸や心拍など、生命維持のために最低限必要なエネルギーのことで、年齢とともに低下していくといわれています。

[1日のエネルギー量]

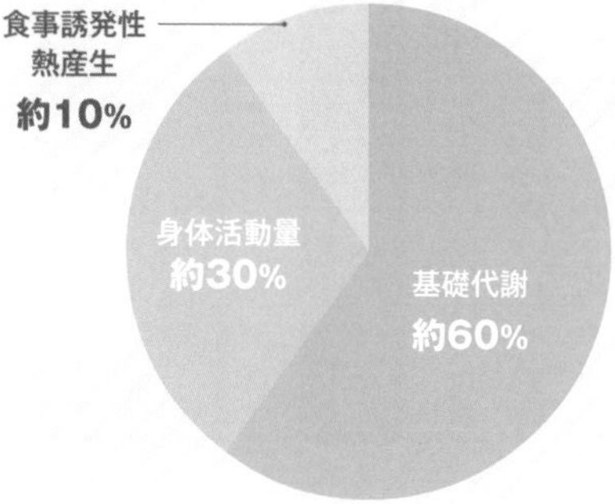
食事誘発性
熱産生
約10%
身体活動量
約30%
基礎代謝
約60%

1日のエネルギー量のうち、もっとも多くの割合を占めるのが基礎代謝です。つまり、基礎代謝量を増やすことができればエネルギーを消費しやすい体になります。

[基礎代謝の組織別のエネルギー量の割合]

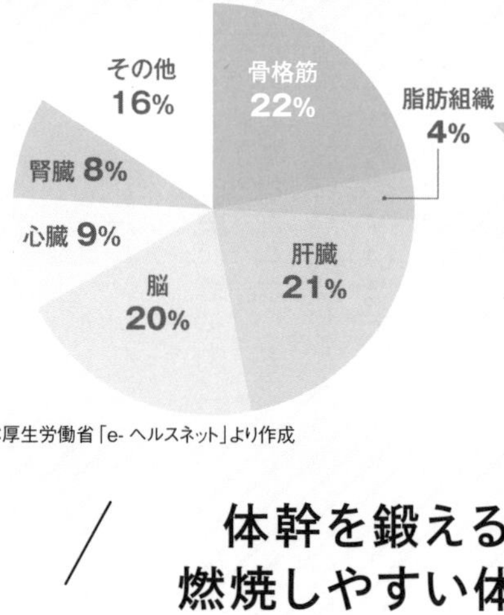
骨格筋
22%
脂肪組織
4%
肝臓
21%
脳
20%
心臓 9%
腎臓 8%
その他
16%

出典:厚生労働省「e- ヘルスネット」より作成

基礎代謝のなかでもエネルギー消費量が多い部位は骨格筋（骨を動かす筋肉）です。筋肉量は自分の意志で増やすことができ、体幹や大きな筋肉を鍛えれば、効率よく基礎代謝量を上げることができます。

体幹を鍛えることで
燃焼しやすい体になる！

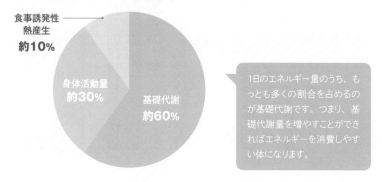

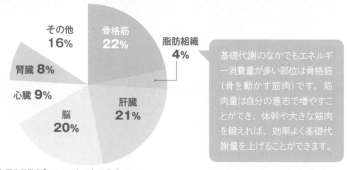

体幹は子どもやシニア世代にとっても大切

生涯を通じてけがを防ぎ、人生を豊かにする

体幹は、トレーニングに関心の高い世代はもちろんですが、子どもたちやシニアの方にとっても人生を左右するといってもよいほど大切です。

運動神経は、遺伝だけでなく遊びや運動の習慣・体験に大きな影響を与えます。ゴールデンエイジと呼ばれる5歳から12歳は、身体や運動の能力がもっとも急激に伸びる大切な時期。この期間の過ごし方は、その後の人生を決定づけます。最近は、習い事などで早いうちからスポーツをする子どもも増えていますが、体幹力があればけがをしにくく、上達も格段に早くなります。アスリートを目指さなくても、スポーツに本気で打ち込めるだけで、ものの考え方や健康、精神力、人間関係など、豊かな人生になくてはならないものが育まれます。

シニア世代は、旅行や趣味など本当にやりたいことを実現するために、いつまでも元気で動ける体でいることが大前提。高齢になれば、背中が丸くなったり、足腰が弱ったりするのは仕方がないと思うかもしれませんが、それは間違いです。個人差は、年を重ねるほど大きくなり、10歳も20歳も若く見える人がいる一方で、残念ながらその逆も見かけます。「もう年だから」などという声は笑って聞き流し、コツコツ体幹を鍛えましょう。そして、背筋を伸ばして颯爽と歩くのです。たとえ病気やけがで入院しても、体幹力があれば寝たきりになるリスクはぐっと少なくなります。

子どもがもっとも伸びるゴールデンエイジ

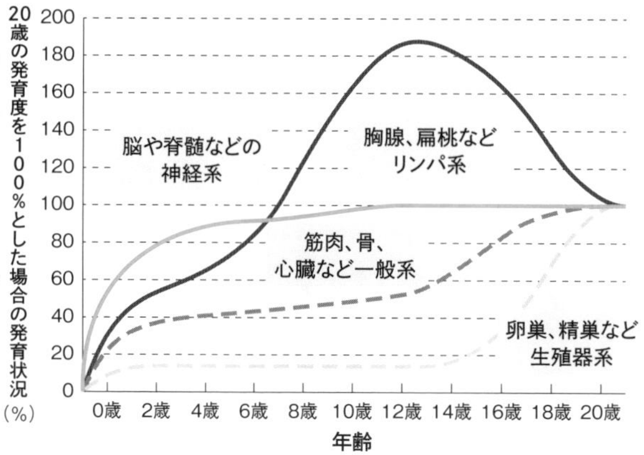
20歳の発育度を100%とした場合の発育状況（%）
200
180
160
140
120
100
80
60
40
20
0
脳や脊髄などの
神経系
胸腺、扁桃など
リンパ系
筋肉、骨、
心臓など一般系
卵巣、精巣など
生殖器系
0歳 2歳 4歳 6歳 8歳 10歳 12歳 14歳 16歳 18歳 20歳
年齢

5歳～12歳は成長が著しい時期ですが、なかでも身体能力や運動神経が飛躍的に発達する時期です。この時期に経験した動作によって脳が刺激され、体の動かし方や運動能力を短期間で身につけていきます。習得した動作は大人になってからでも忘れにくいという特徴があり、一生の運動能力にも影響を及ぼします。

出典：Scammon, R, E. (1930). The measurement of the body in childhood, In Harris, J, A., Jackson., C, M., Paterson, D, G. and Scammon, R, E.(Eds). The Measurement of Man, Univ. of Minnesota Press, Minneapolis. より作成

シニア世代は同じ年齢でも大きく差が出る！

年を重ねるほど、体力や筋力は衰える傾向がありますが、
年齢を感じさせないほど若々しく元気な人もいます。
この大きな違いは動ける体であるかどうかです。体幹力があれば、
自分の足で好きな場所に行くことができ、心も体もいつまでも生き生きと過ごせます。

元気に
生き生き！
歩くのが
やっと……

体幹力の有無が分かれ道！

誰でもできる3つのトレーニングでスイッチオン！

体幹が目覚めれば体は変わる

きちんと体幹を使えれば、姿勢はよくなり、肩こりや腰痛に悩むこともなく、体は動きやすく疲れにくくなります。それなのに、どうして私たちは、体幹を使わない悪い姿勢のほうが楽だと感じてしまうのでしょう。それは、交通機関が発達し、どこに行ってもエレベーターやエスカレーターのある生活が当たり前になっているから。便利さや快適さと引き換えに、体幹を鍛えるチャンスはどんどん失われてしまいます。すっかり休眠状態で痩せ細り、動きの悪くなった筋肉で姿勢を正そうとしても、辛いのは当たり前なのです。そんな**体幹の筋肉を目覚めさせ、バランスよく使えるようにする鍵は「ドローイン・ストレッチ・体幹トレーニング」の3つです。**

ドローインは、空気をゆっくり吸い込んでお腹をふくらませ、ゆっくり息を吐きながらお腹をへこませるトレーニング。体幹の強化に欠かせないインナーマッスルに刺激を与えます。ストレッチは、筋肉の柔軟性やバランスを高め、けがを防ぎます。筋肉に刺激が入りやすくなるので、筋トレ効果も上がりやすくなります。体幹トレーニングは、姿勢を整えるインナーマッスルが周囲の筋肉と連動してスムーズに使えるように導きます。どこでもできて、誰でも無理なく続けられます。見た目も若返り、快適で楽に動ける体を取り戻すために、今日から早速スタートしましょう。

体幹を目覚めさせるには体一周を刺激

筋肉は体の前にも横にも後ろにもついています。体を目覚めさせるには、これらの筋肉すべて、つまり、体一周の筋肉を刺激する必要があるのです。年を重ねても若々しく、疲れ知らずの体になるためには、まさに体幹を鍛えることが重要なのです。

体のスイッチを入れる3ステップ

体を目覚めさせるには、体幹トレーニングだけでは不十分です。
筋肉を柔らかくするストレッチ、体幹トレーニングの効果を高めてくれる呼吸法
ドローインも欠かせません。これらを行ったうえで体幹トレーニングを実践すれば、
みるみるうちに体に変化が起こります。

柔軟性を高める
ストレッチ

＋

体の軸を安心させる
ドローイン

＋

全身を引き締める
体幹トレーニング

Column

長友佑都選手の運命を変えた体幹トレーニング

長友佑都選手は、川島永嗣選手、長谷部誠選手と並ぶ日本人最多のワールドカップ11試合出場を果たし、現在もフランスのオリンピック・マルセイユで活躍しています。日本を代表するプロサッカー選手ですが、彼は高校生の頃から腰痛を患い、大学時代には椎間板ヘルニアと腰椎分離症によって、選手生命の危機に瀕していました。そこで、インナーマッスルを中心に柔軟性を向上させることからはじめ、腹筋前部や背筋に比べて弱かった腹横筋と腹斜筋を強化して筋力バランスを改善。体幹部を筋肉のコルセットで覆うようにして、深刻な腰痛を克服しました。長友選手は、現在も体幹トレーニングを欠かさず、その大切さを世界に発信しています。

第2章

日常生活にも役立つ体幹力

圧倒的に疲れにくい体が手に入る

疲労回復にも有効な体幹トレーニング

朝から満員電車に揺られて、職場に着くころにはぐったり。仕事をはじめる前から疲労を感じ、1時間もデスクワークをすると肩や腰が辛い……。学校現場では、1時間目から疲れた顔をしている子どもたちも珍しくないといわれています。「疲れやすい、疲れが抜けない」という人が増えている背景には、過労、生活および食習慣の乱れ、睡眠不足、人間関係など、様々な要因があるので、一筋縄ではいきません。

ただ、確実にいえるのは、「動きのよい体は疲れにくい」ということです。具体的には、関節の可動域が広く、筋肉同士の連携がよく、筋力も十分にある状態です。たとえば歩くという動作では、関節の可動域が広ければ少ない歩数で移動できます。股関節を動かす腸腰筋から太腿前部にある大《だい》腿《たい》四《し》頭《とう》筋までスムーズに連携していれば、無駄な力を使うこともありません。また、筋力が高ければ疲労を感じることも少ないのです。

体幹トレーニングで、すべての動きの起点となるインナーマッスルを鍛えるだけでなく、ドローインやストレッチを取り入れているのは、まさにこの動きのよい疲れにくい体を目指しているから。続けていれば、仕事や家事のちょっとした空き時間に、ドローインやストレッチで疲労を解消できるようになり、圧倒的に疲れにくい体を手に入れることも可能です。

自然に動きたくなる体に

肩こりや腰痛などの慢性的な体の痛みも体幹力が弱くなっていることが原因かも。
体幹が鍛えられると体のバランスが整い、疲れにくい体に変わっていきます。

悩まされていた体の不調やだるさ……

気づけば疲れ知らずの体に！

バランスのよいブレない体は けがをしにくい

スポーツやアウトドアも思いっきり楽しめる

電車に乗り遅れそうになったので走ったら転んだ、急に飛び出してきた自転車をよけようとして捻挫をした、子どもの運動会に出て走り、派手に転倒してしまったなど、働き盛りの世代でも思わぬときにけがをすることがあります。日常生活が不自由になって仕事にも支障をきたし、楽しみにしていた休日も台無しにしてしまうけが。できることなら避けたいですね。

体のバランスが崩れたときに踏ん張れずに転ぶ、あるいは捻挫などにつながってしまうのは、体幹が弱くなっている証拠です。さらに、体がゆがんで筋力のバランスが崩れていたり、筋肉の柔軟性が低下していたりすると、些細なことでもけがをしやすくなります。

体幹トレーニングは、体幹の筋力はもちろん、柔軟性やバランス力を高めることを目的としています。日常生活で意識的に使うことのないインナーマッスルが目覚めると、体のバランス力が高まります。すると、体の中心に一本の芯が通ったような、ブレない軸をつくることができます。体幹部が安定して、多少の揺れや衝撃ではびくともしない体へと変化します。筋肉同士の連動もよくなり、あらゆる動作もスムーズになって、反射的に危険を回避できるようになります。思わぬけがをすることもなく、日常生活からスポーツ、アウトドアまで思う存分楽しめるでしょう。

体幹力の衰えでけがをしやすくなるメカニズム

体幹力の衰えによって起こる体のゆがみは体のバランスを崩し、
不調を起こすだけでなく、けがをしやすくなってしまいます。

体幹力が衰える

体幹力が衰えると、正しい姿勢が維持できなくなり、体がゆがんでしまいます。この状態が続くと筋力が不均一になり、体のバランスが崩れてしまいます。

体のバランスが崩れる

体のバランスが崩れると、踏ん張りがきかず転びやすくなったり、とっさに止まれなくなったりしがち。些細なことが事故やけがの原因になってしまいます。

けがをしやすい体に!

体幹力が鍛えらえると……

体幹力を鍛えることによって、日頃の姿勢や動作のくせの積み重ねでゆがんでしまった体のバランスが整い、瞬発力や反射神経がよくなり、ふんばりもきくようになってけがをしにくい体になります。

瞬発力や反射神経が上がる

結果

＼ けがを防止できる! ／

「第二の脳」である腸を活性化

幸せホルモン「セロトニン」は腸でつくられる

体幹部のインナーマッスルが衰えると、便をスムーズに押し出しにくくなり、便秘の一因になります。腸内には体全体の６割以上の免疫細胞が存在しているため、腸内環境が悪化すると病気にかかりやすくなるといわれています。

体全体のなかで、腸は脳に次いで多くの神経細胞が集まっています。腸は脳と密接に関わっていますが、脳の指令がなくても機能できるため「第二の脳」とも呼ばれています。さらに、心のバランスを整える神経伝達物質「セロトニン」の95％を腸がつくり出しています。「幸せホルモン」とも呼ばれるセロトニンは、幸福感をもたらし心身をリラックスさせる効果のある物質です。たとえば食事をしたあとは、リラックスして眠くなります。これは、腸が活発に動いて、セロトニンが盛んに分泌されているからです。反対に、緊張していると腹痛を起こしたり、強いストレスを感じると便秘や下痢になったりします。このように、心と腸は相互に作用しあっているのです。

腸の状態がよいと、幸福感をもたらすセロトニンが分泌されやすくなり、ストレスを軽減して心のバランスも保たれます。腸を活性化するのは、食事だけではありません。お腹や背中など体幹部のインナーマッスルを鍛えると、腹圧を高めて内臓の働きを活発にする効果があります。腸の働きも向上させることができるのです。

腸が心のバランスを整える

腸は食物を消化吸収するだけでなく、
心のバランスを整える神経伝達物質セロトニンの約95%をつくり出している、
人の心にとっても非常に重要な臓器なのです。

**体幹トレーニングで
インナーマッスルを鍛える**

お腹や背中、腰などの筋肉を鍛えることで腹圧が強まり、内臓の動きを活発にします。

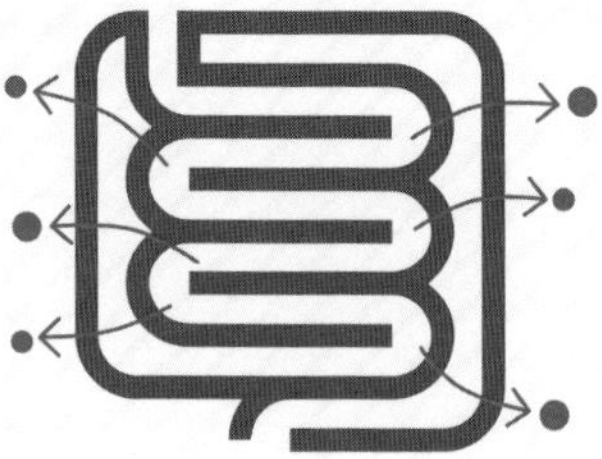

**腸の動きが活発になり
セロトニンが分泌される**

腸の動きが活発になることでリラックス効果のあるセロトニンが分泌されやすくなります。

**精神が安定して
心のバランスが保たれる**

ストレスが軽減され、精神が安定して心のバランスが保たれます。

ぐっすり眠って目覚めもすっきり

睡眠の質を左右していたのも腸だった！

「睡眠負債」という言葉を聞いたことはありませんか。睡眠不足が借金のように積み重なって、あらゆる不調を引き起こす状態のことです。私たち日本人は、世界的に見ても睡眠時間が短く、疲れているのに眠るまでに時間がかかる、寝ても疲れが取れない、眠りが浅く午前中や日中に強い睡魔に襲われるといった睡眠障害を抱える人も増えています。良質な睡眠が十分にとれていないと、免疫力低下や生活習慣病のリスクが高くなり、精神面でもうつに陥りやすくなる傾向があります。

睡眠の質を低下させる要因は、体内時計の乱れやストレスといわれていますが、腸の働きも睡眠の質を左右しています。睡眠のリズムを整えるホルモン「メラトニン」の生成には、たんぱく質が分解されてできるアミノ酸の一種「トリプトファン」が必要です。また、腸でつくられる幸せホルモン「セロトニン」は、メラトニンになる前段階の物質。セロトニンの分泌が減少すると、メラトニンも減ってしまうのです。

体幹トレーニングで腸の働きがよくなると、メラトニンの分泌もスムーズになり、睡眠のリズムが整います。セロトニンも増えるので、リラックスして副交感神経の働きが優位になり、眠りにつきやすくなって睡眠の質も向上します。就寝前にストレッチで筋肉をほぐしておくことも、心地よい目覚めにつながります。

日本人の約5人に1人が睡眠障害?

睡眠は人が健康を維持するうえで非常に重要なもの。それにもかかわらず、日本人の約５人に１人が十分な睡眠がとれていないと感じています。

睡眠で休養が十分にとれていない人の割合

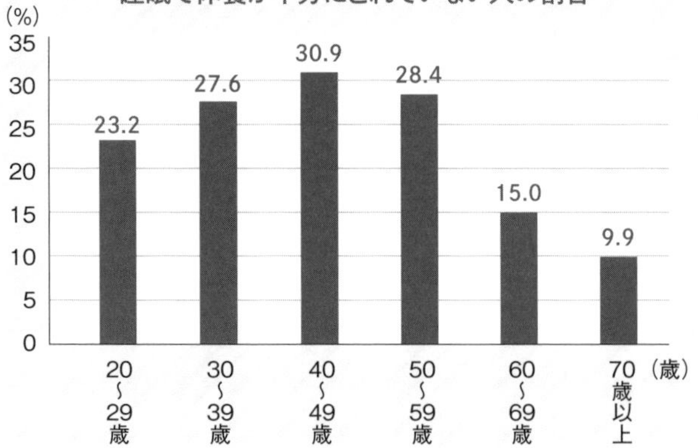

出典:厚生労働省「平成29年『国民健康・栄養調査』の結果」より作成

体幹を鍛えれば睡眠の質が上がる!

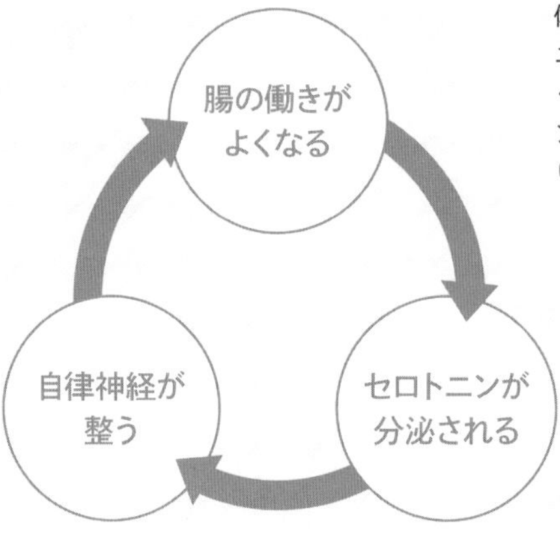

体幹を鍛えることで腸の動きが活性化。メラトニンの分泌もスムーズになり、眠りにつきやすくなります。また、自律神経を整えるセロトニンの分泌も活発になってリラックス効果が高まり、質の高い睡眠につながります。

長年の腰痛や肩こりから解放

ゆるめて、ほぐして、バランスよく鍛える

日頃から感じている体の不調についてのアンケートで、「腰痛」と「肩こり」は必ず上位にランクインする常連です。テレビや健康雑誌で取り上げられることも多いのですが、解消法をそのまま鵜呑みにすると実は逆効果ということも。左ページのNG行動をチェックしてみましょう。

痛みがある場合には、過度なトレーニングで炎症を悪化させることもあるので、まずは痛みでこわばった筋肉を柔らかくします。筋肉をゆるめることは、肩こりや腰痛の改善には欠かせません。体幹トレーニングの基本であるドローインは、あおむけになって体の横に手を置き、その手を床に押し付けるという腰痛体操に呼吸を取り入れた、いわば腰痛体操の進化版です（→70ページ）。

慢性的な肩こりや腰痛は、体を温めて血行をよくすることで、老廃物や痛みの原因物質の排泄が促され症状が和らぎます。体が温まると関節や筋肉の動きがよくなり、ストレッチや筋トレの効果も上がりやすくなります。痛みの急性期は安静が必要ですが、それだけでは不調は解消できません。症状が落ち着いたら、肩こりや腰痛の原因となっている体幹の筋力不足や、ゆがみを引き起こしている筋力のアンバランスを解消する筋トレを実践し、痛みの解消と予防につなげましょう。「痛みのない体は、こんなにも軽くて楽に動ける」という喜びをぜひ味わってください。

実は逆効果！ 腰痛、肩こりのNG行動

腰痛のNG行動

評判になっている腰の体操をすべて試す

巷では様々なメソッドが紹介されていますが、必ずしも自分の腰の状態にあっているとは限りません。「いいといわれている」からといってむやみに試すのはかえって危険です。

腰が痛いからできるだけ安静にしている

ぎっくり腰のあとなどは痛みが怖くて動きたくなくなってしまいます。しかし、治ったあとも動かないでいると、筋力が衰えて体の状態が悪化するなど悪循環に陥ってしまいます。

むやみに腰を伸ばす

腰が痛いからといって、ストレッチをして伸ばしすぎるのは危険です。無理に伸ばしてしまうと筋肉が肉離れのような状態になり、痛みが引かないばかりか、悪化させてしまう可能性もあります。

肩こりのNG行動

肩や背中をどんどんとたたく

硬くなった部分をたたくと一瞬楽になった気がしますが、必要以上に刺激を与えてしまうと筋肉の組織が損傷して炎症を起こして逆効果になることも。

気持ちがよいので首を鳴らす

ポキッと鳴る音の正体は関節の間にたまった気泡が破裂したもの。鳴らし過ぎると関節面が損傷してしまうこともあります。

ディスプレイを見やすい位置に持ってくる

いくら本人が使いやすいからといっても、悪い姿勢の原因になっていては、症状が悪化してしまいます。正しい姿勢が肩こり改善には重要です。

Column

受診が必要な痛みの見分け方

肩こりや腰痛など慢性痛の改善に体幹トレーニングをはじめるときは、必ず「腹圧」を意識します。腹圧が抜けると腰が反りやすく、効果がないばかりか痛みの悪化を招くことがあるからです。まずはドローインを行って、腹圧がかかっている感覚を覚えてからはじめるとよいでしょう。正しいフォームで行うことも大切です。また、立つ、歩く、座る、炊事をするといった日常の動作でも、腹圧を意識してこまめに姿勢をチェック。痛みは体を固めて可動域を狭くしてしまうので、ストレッチも習慣づけましょう。そうすれば、痛みが少しずつ改善してくるのが感じられるはずです。

これらを守ってトレーニングしても痛みが2日以上続く、痛みだけでなくしびれや熱がある、という場合は思いもよらない原因が潜んでいる可能性があります。また、転倒など原因がはっきりしていて痛みが強い場合は医療機関で受診しましょう。

第3章

知っておくべき
トレーニングの
基本

運動神経は関係なし！驚くほど動ける体に

「負のスパイラル」を断ち切って豊かな人生を

現代社会の中で生きる私たちは、体を動かさずにすむのは便利で快適だと思っています。でも、そのせいで知らず知らずのうちに筋力の衰えや姿勢の崩れを起こし、肩こり・腰痛など様々な不調を招きます。すると動くのが辛くなって柔軟性の低下や肥満に。ますます動くのがいやになり、肩こり・腰痛は悪化し……。普通に暮らしているだけで、**私たちは誰でもこの「負のスパイラル」に陥る可能性があります。**

体幹トレーニングを続けていると、筋力や可動域が向上して体幹バランスが養われ、少しずつ体が変わってくるのを感じます。考え方がポジティブになり、心にも余裕が生まれます。内臓の働きがよくなり、睡眠の質が向上します。これらは、本来備わっている心身の力を取り戻しはじめたサイン。背筋がすっと伸びてお腹周りも引き締まり、見た目にも変化がわかるようになります。

せっかくなので、ライフスタイルも見直してみましょう。デスクワークなど同じ姿勢を続けたことによる疲れや、人間関係から生まれる精神的疲労は、軽く体を動かすアクティブレスト（積極的休養）で解消するのです。新しくスポーツをはじめるのもおすすめ。体幹バランスがよいと意外にすんなり身について、一生楽しめる趣味になります。**動ける体と動く習慣はあなたの可能性を広げ、豊かな人生をもたらしてくれます。**

体が動くようになるだけで楽しみが増える！

日常生活で動きやすさを実感できることはもちろん、運動習慣がない人でも、スポーツなど体を動かすことが楽しくなります。

付き合いのスポーツも苦じゃなくなる！

運動習慣がない人にとってはなかなか気が進まないスポーツも、体幹が強くなれば自然とパフォーマンスが上がります。

子どもの遊びにもついていける！

元気いっぱいの子どもを相手にするのは大変なこと。体幹力があれば、体力のある子どもにも負けずに一緒に遊べます。

新しい趣味の幅が広がる

運動不足が気になっていても苦手意識から挑戦できない人も多いのでは。体幹力が上がればけがのリスクも減り、チャレンジしやすくなります。

自宅でも簡単！体幹は自《じ》重《じゅう》だけで鍛えられる

シンプルなトレーニングで確実に体が変わる

善は急げ、鉄は熱いうちに打てといいます。早速今日からトレーニングをはじめよう！　と思っても、何か特別な器具が必要だとか、ジムなどに通わないとできないものだと、そのための費用や時間も捻出しなければなりません。本書で紹介している体幹トレーニングは、ドローインやストレッチも含めて、特別な器具は一切不要です。負荷は自分の体重（自重）だけなので、いつでもどこでも、思い立ったら今この瞬間からはじめられます。自重を使うトレーニングは、筋肉や関節に過度な負担がかかることもないので、安全性が高く子どもからシニアまで無理なく取り組めます。

しかも、ひとつひとつのトレーニングはシンプルで時間もかかりません。きつくないのに、続けることで体は確実に変わります。腹圧や体幹バランス、柔軟性の低下によって引き起こされる不調の改善やスタイルアップなど、お悩み別のエクササイズも取り入れているので、慣れてきたらトレーニングメニューを自分好みにカスタマイズするのもおすすめです。

結果を確実に出したいときは、トレーニングが自己流になっていないか、常に効いていることを確認しながら行いましょう。日常生活の中でも姿勢や腹圧を意識してみてください。ちょっとした体の使い方が変わるだけでも、積もり積もれば大きな成果となります。

いつでもどこでも鍛えられる！

体幹トレーニングは特別な道具なしで鍛えられるから誰でもすぐにはじめられます。場所も選ばないので、自分の都合に合わせて行えます。

特別な道具は必要なし！

自重でできるトレーニングばかりなので、器具を用意する必要はありません。負荷も自分のペースに応じて調整できます。

時間をかけずにできる！

１日数分で行えるトレーニングなので、忙しい人でもテレビCMの間や寝る前などすき間時間で行うことができます。

場所を選ばずにできる！

広いスペースがなくてもできるので、家でも簡単に実践できます。思い立ったらすぐにできるのも嬉しいポイントです。

体幹力を鍛える基本は腹式呼吸

体の内側からお腹をぎゅっと絞る

体幹トレーニングの根幹となっているのは「ドローイン」と呼ばれる呼吸法です。筋肉を鍛えるのに、なぜそれほどまで呼吸法が大切なのか、疑問に思う人もいるでしょう。ドローインとは、空気を深く吸い込んでお腹をふくらませ、吐くときには息を全部吐き切るようにお腹をしっかり凹ませる呼吸で、腹式呼吸とも呼ばれています。

ごく単純な動きのようですが、超音波（エコー）映像で脱力時のお腹の筋肉と比べてみると、その差は歴然。脱力時ではほとんど動かなかった腹横筋と、その上にある腹斜筋が大きく収縮しています。体の内側からお腹が絞れて腹圧が高まり、腹圧に関わるインナーマッスルの横隔膜や骨盤底筋群にも刺激を与えることができます。体幹部が効果的に強化できるので、アウターマッスルとの連動性も高まります。すると、動かせる筋肉が増えて基礎代謝が上がり、脂肪が燃焼しやすくなります。腹圧が高まることによって内臓の働きが活性化し、睡眠のリズムや自律神経のバランスがよくなります。さらに脊椎のS字ラインもきれいに整い、ぽっこり出ていた下腹も引き締まります。

体幹を鍛えるとよいと聞くと、がむしゃらに腹筋や背筋をする人がいますが、自己流でアウターマッスルだけを鍛えても成果は上がりません。ドローインやストレッチの大切さを理解して、効果的に体幹を鍛えましょう。

こんなに違う！　腹式呼吸時の筋肉の使われ方

下のエコー写真は、腹式呼吸を行う前と後のお腹の筋肉の動きを撮影したものです。
腹式呼吸を行うだけでも、筋肉がしっかりと動くことがわかります。

[脱力時のお腹の筋肉]

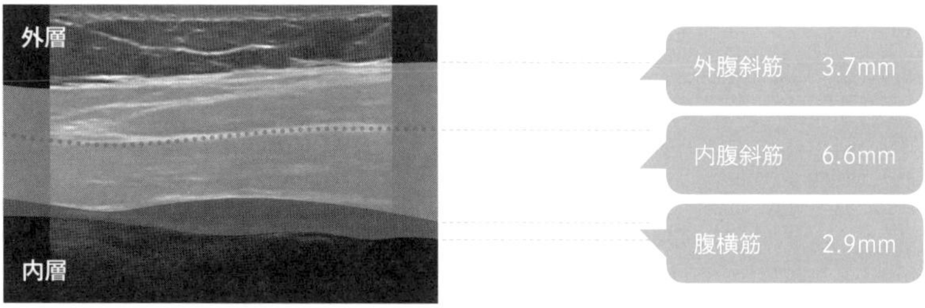
外層
内層
外腹斜筋　3.7mm
内腹斜筋　6.6mm
腹横筋　2.9mm

[腹式呼吸時のお腹の筋肉]

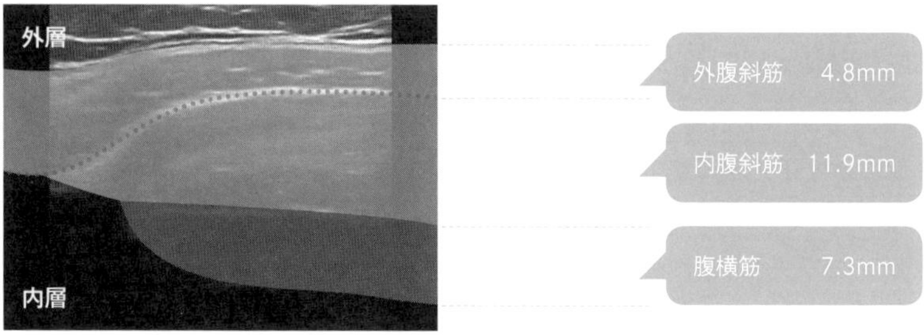
外層
内層
外腹斜筋　4.8mm
内腹斜筋　11.9mm
腹横筋　7.3mm

画像提供:いがらし接骨院スポーツはりきゅう

腹式呼吸ができれば
お腹が鍛えられる！

体幹トレーニングに欠かせない！ストレッチの重要性

けがを予防し、筋トレ効果を高め、疲労の軽減も

最近は「筋力とパフォーマンスが低下するから筋トレ前のストレッチは不要」という説もあります。でも、多くのメリットがあるので、体幹トレーニングの前にはやはりストレッチすることをおすすめします。左下の図のように、姿勢のよい人はインナーマッスルの筋力や柔軟性が保たれているので、整然と積まれた積み木のように脊柱が整い安定しています。一方、姿勢の悪い人は、柔軟性の低下した筋肉が骨を引っ張っているので、ちょっとした弾みでずれて痛みを引き起こしてしまうことがあります。前かがみの姿勢や立ちっぱなし、座りっぱなしで過ごすことが多いと、若い人でも関節が固まりやすく姿勢も崩れがちです。**トレーニング前には、ストレッチでこり固まった筋肉をほぐして、けがを予防しましょう。**

ストレッチによって筋肉をほぐすと、関節の可動域が広がって体が動かしやすくなり、正しいフォームで狙った筋肉をしっかり鍛えることができます。筋肉を伸ばすことによって血行が促進されると刺激がスムーズに伝わり、トレーニング効果を高める作用もあります。さらに、血液の循環がよくなることで、酸素を運ぶヘモグロビンの働きが活発になり、トレーニング後の疲労を軽減してくれます。ただし、**筋肉の伸ばし過ぎによるオーバーストレッチは、筋肉や関節を痛めることがあります。心地よい張りを感じる程度がベストです。**

ストレッチが重要な理由

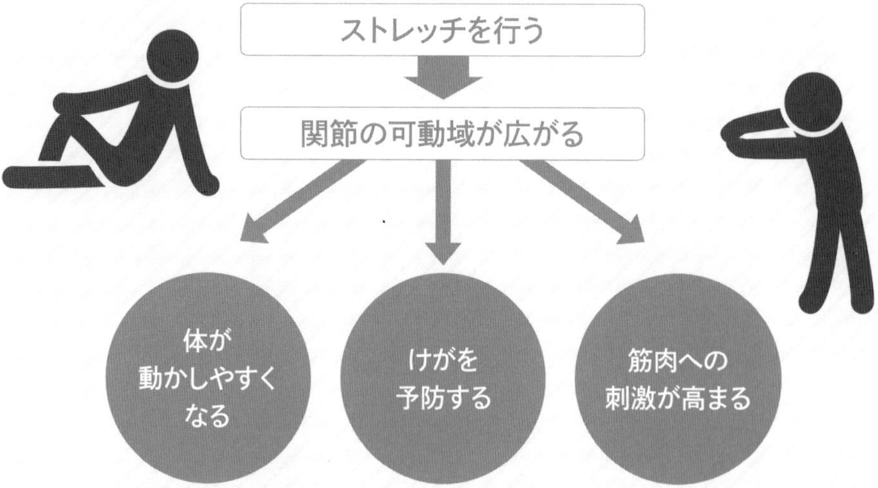
ストレッチを行う
関節の可動域が広がる
体が
動かしやすく
なる
けがを
予防する
筋肉への
刺激が高まる

脊柱を安定させて正しいフォームをつくる

ストレッチによって柔軟性が向上した状態で体幹トレーニングを行うことで、
脊柱が安定し、骨全体が適切な範囲内で「しなる」ようになるため、
正しい姿勢を保持できるようになります。

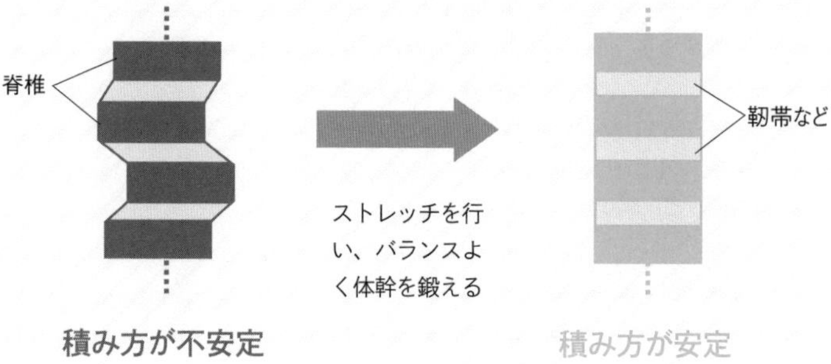
脊椎
靭帯など
ストレッチを行い、バランスよく体幹を鍛える
積み方が不安定
積み方が安定

すでにある習慣をスイッチにして継続しやすく

３週間継続できれば習慣になる

次の試合で絶対に結果を出す、辛い痛みをなんとかしたいなど、明確な目標があれば別ですが、どんなに優れたトレーニングでも、一番難しいのが継続・習慣化することです。続けようと思って取り組んだことが、日常の中の習慣として定着する分岐点は３か月。それを乗り切るコツは「焦らず、無理せず、がんばり過ぎない」ことです。

また、やろうと思っていたのにうっかり忘れた、時間がない、なんとなく気持ちがのらない、といった案外ふわっとした理由で挫折することも少なくありません。それは、決して意志が弱いわけではなく、新しい習慣を定着させるのはそれだけ難しいのです。そんなときは「ハビット（習慣）スタッキング（積み重ね）」がおすすめです。

方法は簡単、毎日必ず行うこと（習慣）を体幹トレーニングのスイッチにして、セットで行うだけです。たとえば、目覚めたときやお風呂上がり、寝る前には布団の上で必ずストレッチをする、歯を磨いたら、そのまま鏡の前でドローインをする、コーヒーのお湯が沸くまでの時間や、必ず見るドラマのCMの間をトレーニングタイムにする、というもの。これを、顔を洗ったり歯を磨いたりするのと同じように、意識しなくても自然に体が動く、しないと気持ちが悪いと感じるまで続けるのです。実行しやすいベストの習慣と結びつけて、毎日のルーティンにしてしまいましょう。

小さな習慣の積み重ねが継続につながる！

「洗面所で歯を磨く」や「リビングでテレビをみる」などといったすでにある習慣と新しい習慣を結びつけることで、習慣化のハードルを下げることができます。できなかったときのためのバックアッププラン（朝できなかったら、就寝前に行うなど）を決めておけば、継続しやすくなります。

習慣化のコツ

- すでにある習慣と結びつける
- 「いつ」「どこで」「何を」をはっきりさせる
- できなかったときのバックアッププランを決めておく

〈習慣の例〉

コーヒーを
いれる

テレビを見る

歯磨きをする

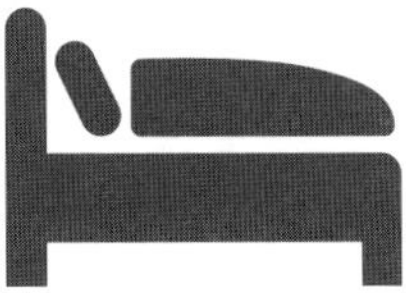

起きる・寝る

お風呂に入る

Column

あなたはどっち?

習慣化できるタイプVS挫折しやすいタイプ

どんな世界でも成功の鍵を握っているのは、特別な才能以上に
「結果を出すまで諦めない」こと。
習慣化できるタイプと挫折しやすいタイプ、それぞれの傾向を知って
継続する力を磨きましょう。

やるべきことと出会ったとき

習慣化できるタイプ

思い立ったその日からはじめる。計画的にスケジュールを組み、コツコツ続ける。

挫折しやすいタイプ

明日からやろうと思う。行き当たりばったりで、日によって気分や取り組みにムラがある。

スランプに陥ったとき

習慣化できるタイプ

「何ができて、何ができないのか」を明確にして不安を軽減、現実を見据えてベストを尽くす。

挫折しやすいタイプ

「どうせ自分なんか」と卑下する。「やっぱりダメかも」と不安にとらわれて前に進めない。

大きな壁に突き当たったとき

習慣化できるタイプ

何度でも基本に戻って、地道な反復練習を繰り返しながら乗り越える。

挫折しやすいタイプ

新しい技や難度の高い技を習得して、起死回生を狙おうとする。

第4章

いざ実践！
体幹トレーニング

あなたの体幹力は どのくらい?

まずは自分の体幹力を確認してみましょう。このポーズができないと
体幹力が衰えています。また、トレーニングを継続したあと、
どのくらい体幹力がアップしたかのチェックにもおすすめです。

体幹力測定のポーズ

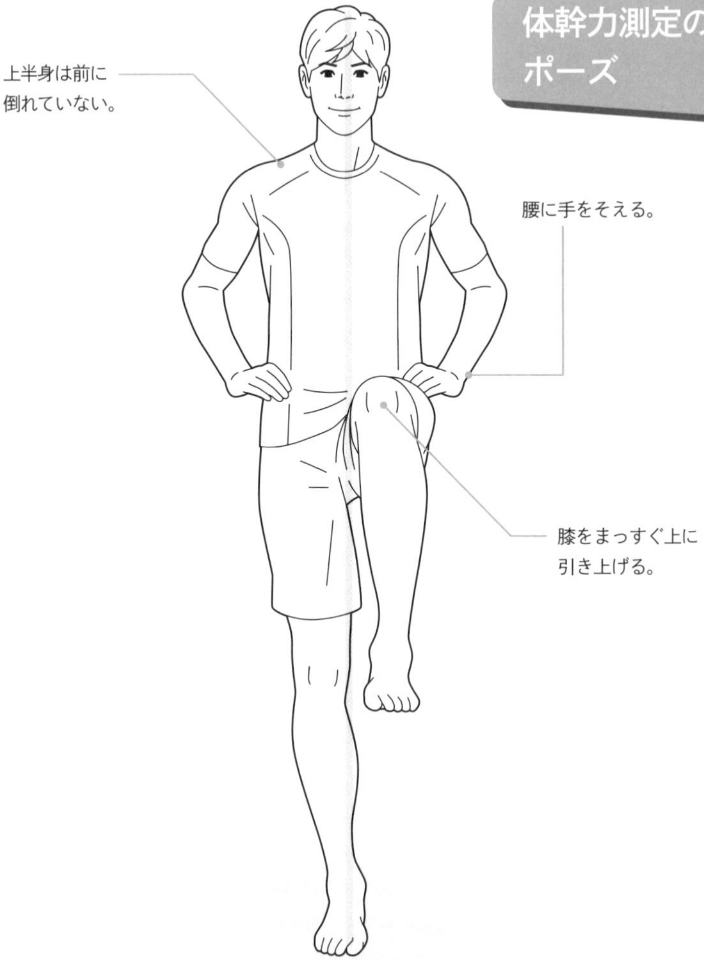
上半身は前に倒れていない。
腰に手をそえる。
膝をまっすぐ上に引き上げる。

キープの目安

30秒

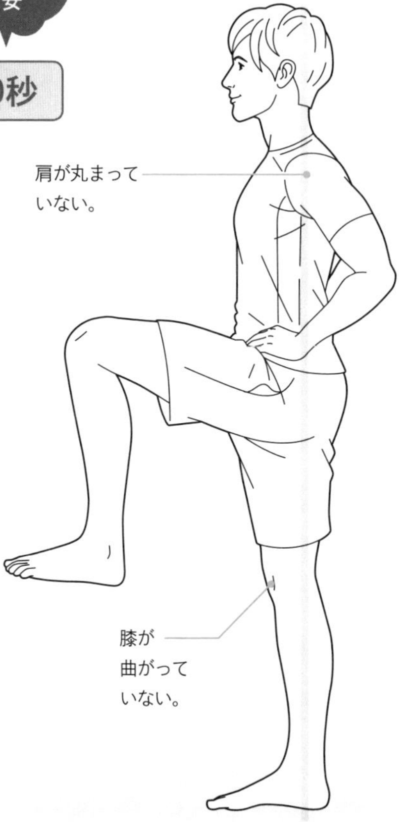
肩が丸まって
いない。
膝が
曲がって
いない。

POINT！

子どもの場合は体が柔らかいので、膝を抱えてお腹に引きつけるようにして行う。

NG

上半身が後ろに反って膝が曲がっている。

NG

体が傾いたり、揺れたりしている。

体幹力強化に重要な4つの筋肉を知る

役割がわかれば効果的に鍛えられる

腹横筋・腸腰筋・多裂筋・大臀筋の4つは、ぜひ覚えておきたい大切な筋肉です。

腹横筋は、4つの筋肉（体表面から外腹斜筋、腹直筋、内腹斜筋、腹横筋）で構成される腹筋の一番深部にあります。みぞおちから下腹部、脇腹、背骨までをぐるりと覆っているインナーマッスル。腹式呼吸で息を吐くときに使われます。正しい姿勢の維持にも必須の筋肉で、内臓を包むコルセットのような役割も担っています。

腸腰筋は、腰椎と大腿骨をつないでいる筋肉（腸骨筋・大腰筋・小腰筋）の総称です。太腿を上げる、骨盤を支える、腰を安定させるなどの働きがあります。衰えると、体幹の力が腕や脚にスムーズに伝わりにくくなり、太腿やふくらはぎがたるんできます。前傾姿勢や骨盤後傾の要因になり、拮抗筋である大臀筋も弱くなってしまいます。

大臀筋は、お尻を覆う大きなアウターマッスルです。立ち座りや歩行、ランニング、ジャンプなどの動作に使われる一方、骨盤を支えて体幹部を安定させる働きもあります。

多裂筋は、頚椎から骨盤まで伸びる細長い筋肉です。脊柱を安定させ、動かすときにも使われます。正しい姿勢を保つために欠かせない筋肉で、日常生活からスポーツまで、そのパフォーマンスを左右します。体幹トレーニングは、これらの筋肉を意識しながら行いましょう。

まず鍛えるべき4つの筋肉

体幹力を鍛えるのに重要な４つの筋肉をご紹介します。これらを鍛えることで、上半身と下半身が連動しやすくなり、軸のしっかりしたバランスのとれた体になります。

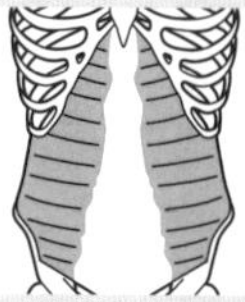

腹横筋

お腹の深部に位置し、内臓を包み込むようについている筋肉。背骨の安定にも関わっており、体を安定させ、美しい姿勢を保持します。

トレーニングページ
初級編→P80　中級編→P88

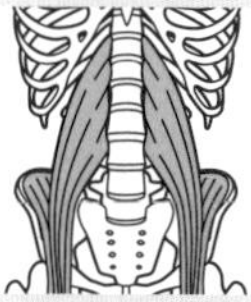

腸腰筋

腰の深層にあり、上半身と下半身をつなぐ筋肉。立ち姿勢をキープしたり、脚を持ち上げたりする働きがあります。

トレーニングページ
初級編→P82　中級編→P90

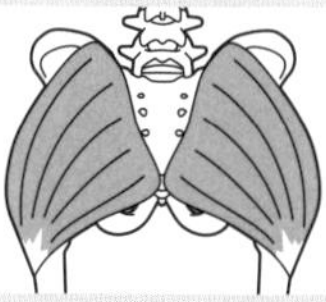

大臀筋

お尻にあるもっとも大きな筋肉。骨盤を支えており、鍛えることで体幹部分が安定し、上半身の機能を向上させる働きがあります。

トレーニングページ
初級編→P84　中級編→P92

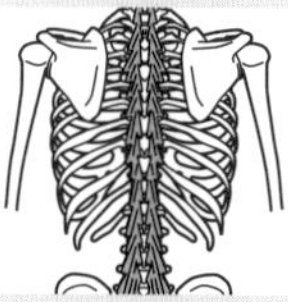

多裂筋

首から骨盤にかけて背骨に沿ってついている筋肉。体をひねったり、反ったりするときに使われ、鍛えることで腰への負担が軽減されます。

トレーニングページ
初級編→P86　中級編→P94

回数を競うより「正しいフォーム」が大事

間違ったフォームはけがや痛みの原因に

体幹トレーニングを効果的に行うためには、ドローインやストレッチを取り入れる。そのうえで、正しいフォームで行うことも大変重要です。たとえば、「腹筋は毎日１００回」というケースのほとんどは、フォームよりも回数にこだわり、反動をつけて行っています。体幹の強化につながらないばかりか、反動をつけるため骨盤が安定せず、腰を反らせがちになるため脊柱起立筋に過度な負荷がかかり、腰痛を引き起こすリスクがあります。

普段使われにくいインナーマッスルを確実に刺激するには、ターゲットの筋肉がどこにあるのかを知り、注意するポイントやありがちなＮＧフォームをよく確認して行います。体が一直線になっているか、腰が反っていないか、骨盤が左右にブレていないかなどを毎回チェックしましょう。

一流の選手であればあるほど、基本的な練習やトレーニング前後のストレッチを大切にします。すべては基本の上に成り立っていて、瞬発力や持久力を引き出し、高度な技の習得やけがから身を守るためにも欠かせないということをよく理解しているからです。基本を間違えて覚えると、成果が上がらないばかりか、修正するためには時間も労力もかかってしまいます。また、スランプに陥っているときは、基本が疎《おろそ》かになっていたり崩れていたりするので、フォームの確認は自分自身の状態を把握するバロメーターにもなります。

正しいフォームでなければけがのもとに

一生懸命にトレーニングを行ったとしても、正しいフォームでなければ
効果が得られないどころか、けがの原因になってしまいます。
回数を行うことよりも、まずは正しいフォームを身につけることを意識しましょう。

NG
首と腰に負担が
かかる!
腹圧が
抜けている!

腰痛やけがなどにつながる！

重要なのは正しいフォームで行うこと

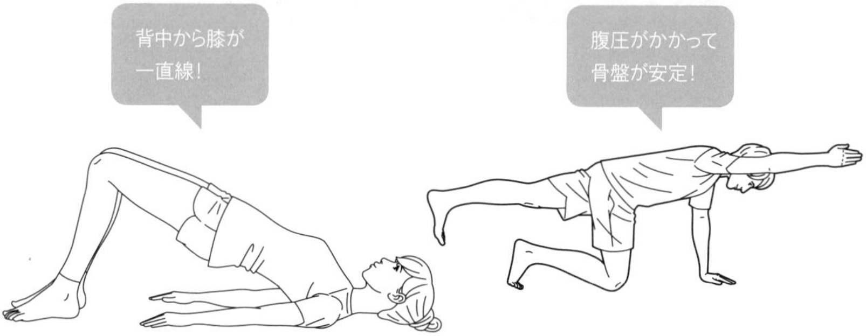
背中から膝が
一直線!
腹圧がかかって
骨盤が安定!

週3回、3種目、3分からでＯＫ！

3週間で体幹トレーニングを一生の習慣に

トレーニングをはじめる前に、目標を定めましょう。「姿勢やスタイルをよくしてお気に入りのあの服を素敵に着こなす」「腰痛を治して百名山に登る」「フルマラソンを完走する」など、具体的な目標があればモチベーションが上がります。ただし、張り切り過ぎて最初から欲張るのはＮＧ。続けるのが辛くなったり、トレーニングがおざなりになったりしやすいからです。

最初の週は日ごとに好きな2種目を選んで毎日行いましょう。毎日違うトレーニングを行うことで、鍛えられる筋肉や効果が違い、飽きずに続けることができます。全部合わせても1日約3分ですが、運動やトレーニングの習慣がないと筋肉痛になるかもしれません。でも、それは狙った筋肉がきちんと刺激されている証拠です。2週目は、1週間のうちに3日でよいので、3種目にトライします。3週間目以降は、同じく3日でＯＫですが、各種目とも3セットを目指します。余裕ができたら、少しずつ種目を増やしてもよいでしょう。

続けるコツとしてハビットスタッキング（→58ページ）をご紹介しましたが、トレーニングする時間はある程度固定したほうが習慣として定着しやすいです。スマホやパソコンのリマインド機能を利用するのもよい方法です。また、トレーニングした日は、カレンダーに印をつけるなど、努力を可視化すると励みになります。

目標は3週間続けること！

体幹力を身につけるには継続的なトレーニングが必要です。
まずは1週間、できれば3週間を目標に続けてみましょう。
無理せず、飽きない方法で行うことが継続のコツです。

ドローイン P70 ＋ ストレッチ P72〜77

＋

1週目

1週間、
毎日違う2種目を
1〜3セット

2週目

週3回、
好きな3種目を
1〜3セット

3週目

週3回、
好きな3種目を
3セット

この中から選ぼう！

胴体一周を刺激する
プランク P78

腹横筋を鍛える
初級編 P80

腸腰筋を鍛える
初級編 P82

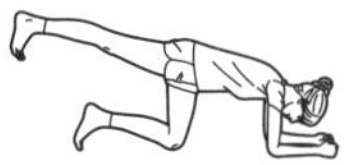

大殿筋を鍛える
初級編 P84

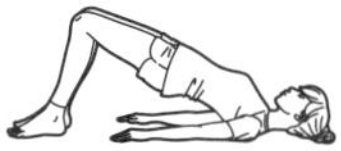

多裂筋を鍛える
初級編 P86

腹横筋を鍛える
中級編 P88

腸腰筋を鍛える
中級編 P90

大殿筋を鍛える
中級編 P92

多裂筋を鍛える
中級編 P94

第5章の子どもやシニア向けのトレーニングなども織り交ぜてOK！

**3週間続ければ
習慣&メンタル強化にもなる！**

まずはこれ！ドローインを徹底マスター

ドローインとは呼吸をしながらお腹を凹ませるエクササイズです。
すべての体幹トレーニングの基本になるので、正しいやり方を覚えましょう。

立った場合

1 まっすぐ立ち大きく息を吸う

呼吸の目安

3秒で吸って
3～5秒で
吐ききる

2 口から細く息を吐きながら、おへそを中心にお腹を凹ませていく

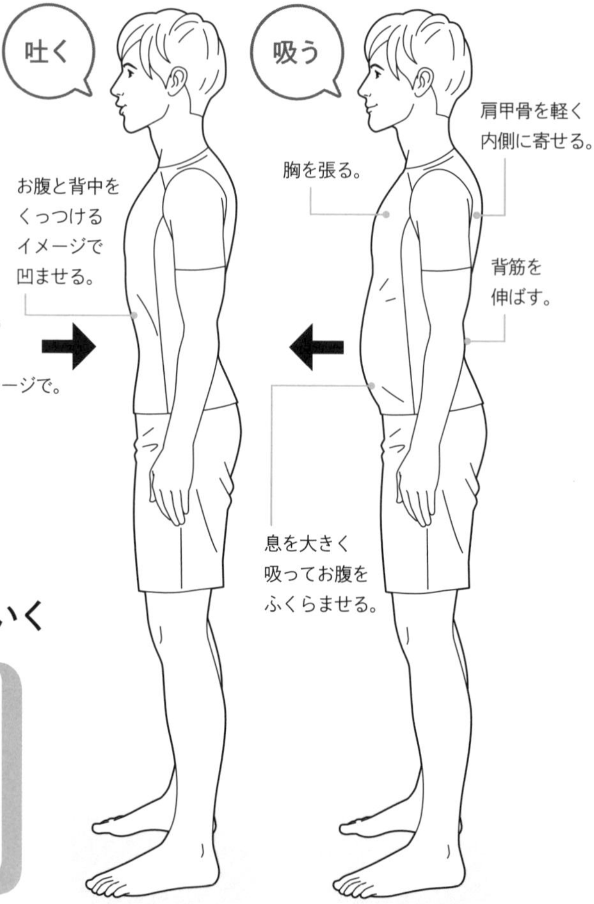
吐く
吸う
肩甲骨を軽く内側に寄せる。
胸を張る。
お腹と背中をくっつけるイメージで凹ませる。
背筋を伸ばす。
お腹のなかの空気をすべて出し切るイメージで。
息を大きく吸ってお腹をふくらませる。

POINT！

横腹が硬くなっていればOK。その状態であれば、前と後ろの筋肉まで固めることができています。

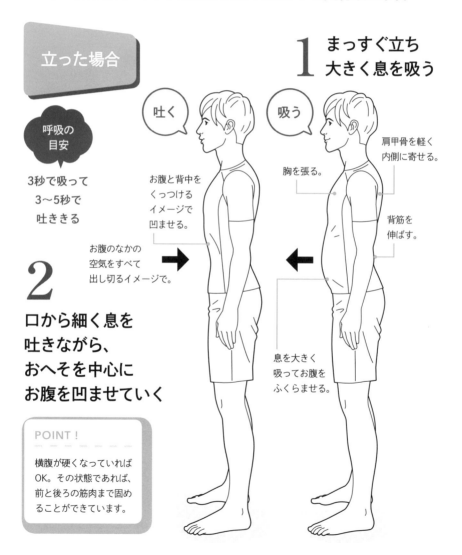

寝た場合

1 膝を立ててあおむけに寝て息を吸う

呼吸の目安

3秒で吸って
3〜5秒で
吐ききる

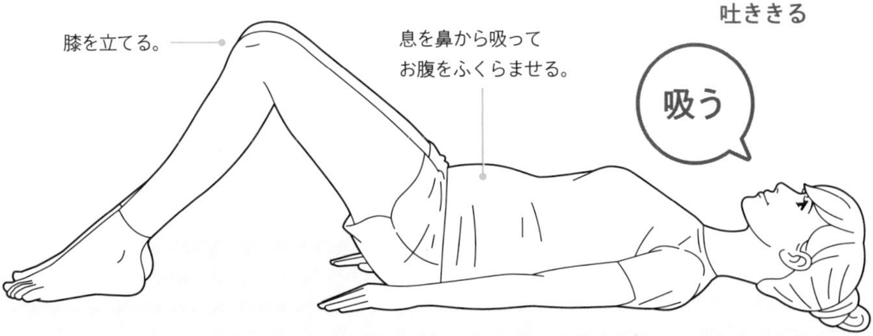
膝を立てる。
息を鼻から吸って
お腹をふくらませる。
吸う

2 息を吐きながらお腹に力を入れて凹ませる

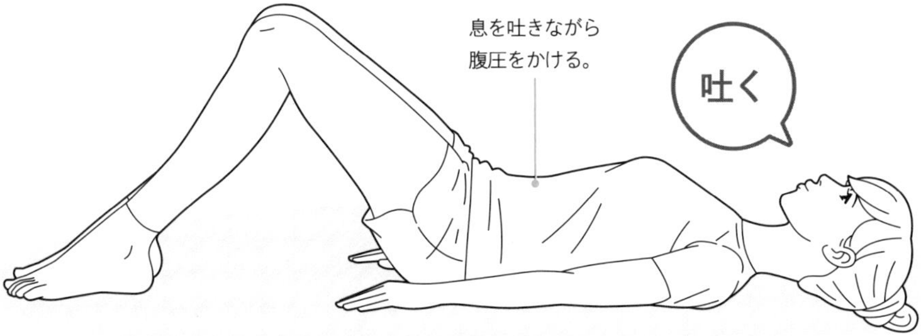
息を吐きながら
腹圧をかける。
吐く

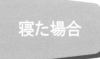

体幹力を効率的に鍛えるためのストレッチ

体幹力トレーニングの前には必ずストレッチを行って体をリセットしましょう。
けがを防止するだけでなく、関節の可動域も広がるため、
より効率よく体幹力トレーニングの効果を得ることができます。

お尻と背中を伸ばす

1

脚を組んで座りお尻全体を伸ばす

キープの目安

10秒

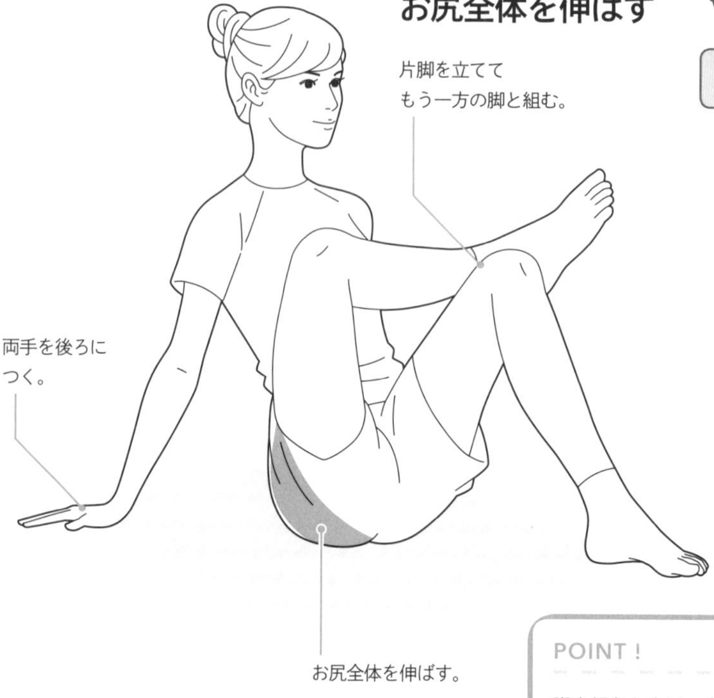
片脚を立ててもう一方の脚と組む。
両手を後ろにつく。
お尻全体を伸ばす。

POINT !

脚を組むときは、立てた脚の膝の上にくるぶしをのせる。

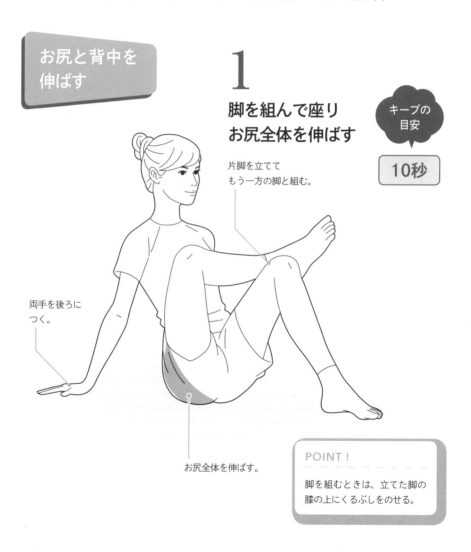

2

組んだほうの脚を もう片方の脚の 向こう側へまたがせる

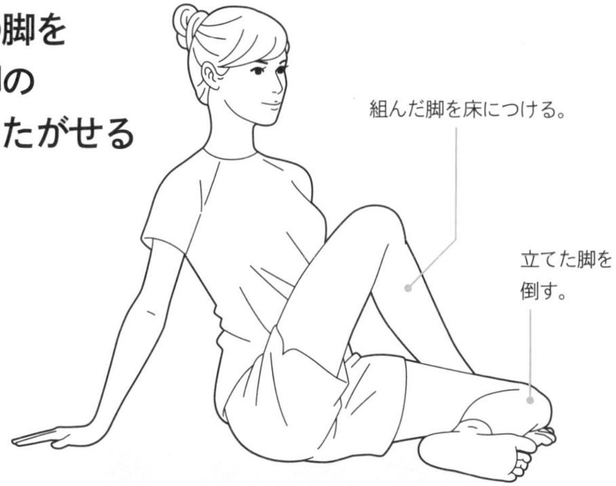
組んだ脚を床につける。
立てた脚を
倒す。

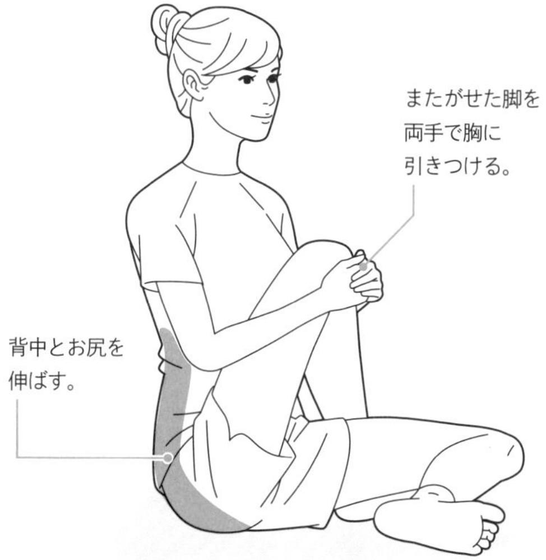
またがせた脚を
両手で胸に
引きつける。
背中とお尻を
伸ばす。

キープの目安

10秒

3

膝を胸に引きつけて 背中を伸ばす 反対も同様に行う

体幹力を効率的に鍛えるためのストレッチ

1

片膝を立てて座る

脇腹と背中を
伸ばす

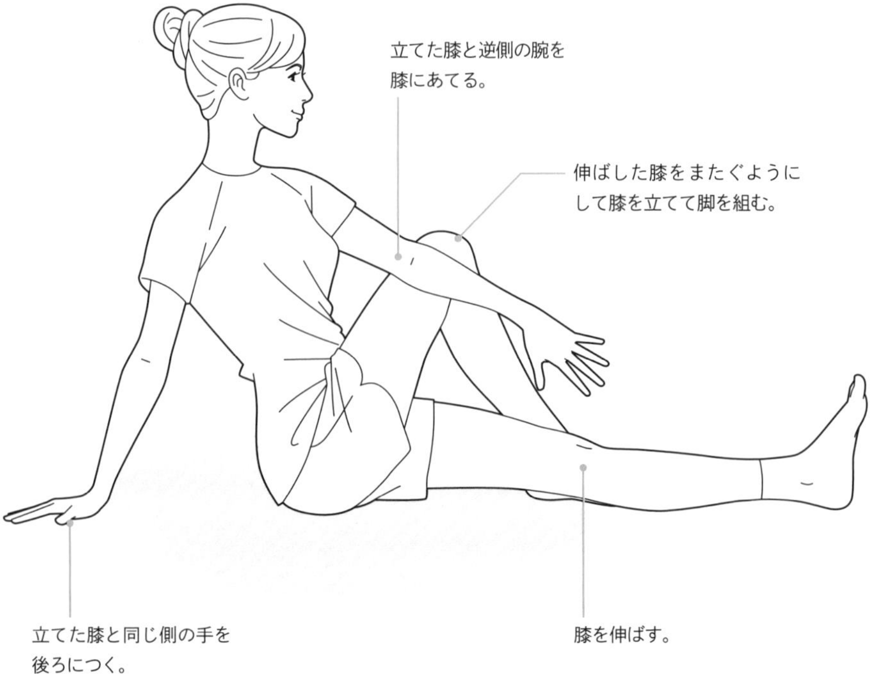
立てた膝と逆側の腕を
膝にあてる。
伸ばした膝をまたぐように
して膝を立てて脚を組む。
立てた膝と同じ側の手を
後ろにつく。
膝を伸ばす。

POINT !

立てた膝と伸ばした脚の
つま先を一直線にする。

2

腕で膝をおさえながら上半身をひねる反対も同様に行う

キープの目安

10秒

NG

組んでいる脚が倒れないように立たせる。倒れるとストレッチの効果が減少してしまう。

目線を後ろに向ける。
つま先は立てたままにする。
反対側の背中と腰が伸びている。

POINT！

ひじでしっかりと膝を固定し、脇腹が伸びていることを意識する。

体幹力を効率的に鍛えるためのストレッチ

内腿と股関節を伸ばす

1

両脚を開き
足裏を合わせて座る

膝を曲げる。
足の裏がずれないよう
両手でしっかりと持つ。

2

足を体に引きつけて
背筋を伸ばし
内腿、股関節をほぐす

キープの目安

10秒

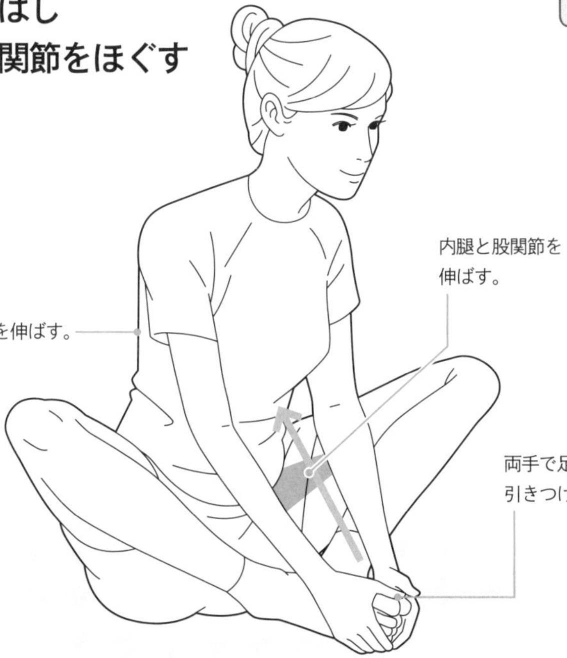
内腿と股関節を
伸ばす。
背筋を伸ばす。
両手で足を体に
引きつける。

POINT！

足の裏をつけたまま体に引きつけて股関節周りを伸ばす。

NG

足を十分に引きつけないと効果が薄れてしまう。

初心者はこれから！
基本のトレーニング

体幹力トレーニングの初心者も実践できる基本的なトレーニングをご紹介します。
簡単な動作ですが、効果は抜群！
しっかりとドローインを意識しながらやってみましょう。

胴体一周を刺激する
プランク

1

うつ伏せになり
肩の真下に
ひじをつく

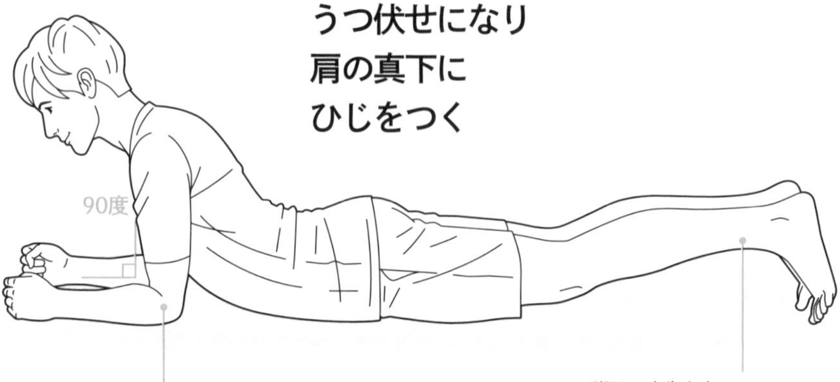

ひじは90度に曲げる。

脚はつま先を立てて
肩幅に開く。

キープの目安

息を吐きながら
3秒かけて骨盤を上げ
10秒キープ

息を吸いながら
ゆっくりと戻る

体力に合わせて

5〜10回

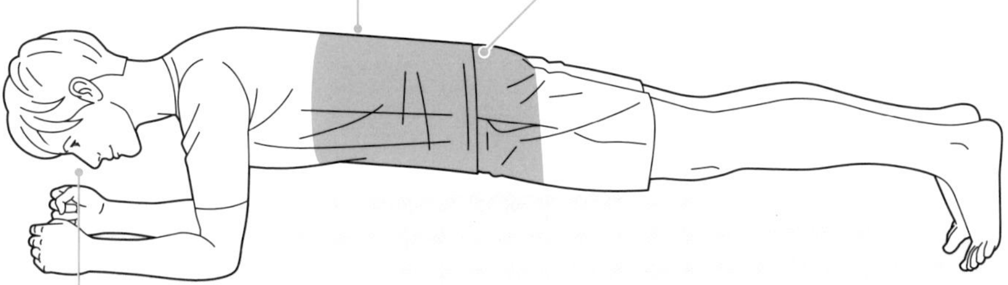
吐く
体が一直線になるようにする。
お腹から背中まで体一周に効いている。
視線は床に向ける。

2

頭、肩、腰、膝、足首までが一直線になるように体を浮かせる

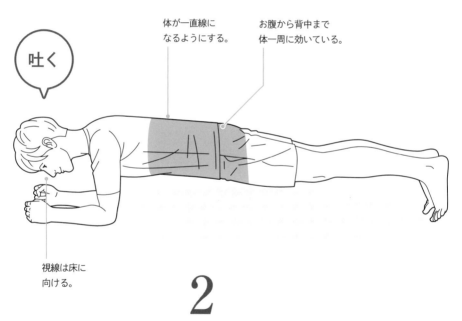

実践！
体幹力トレーニング

体幹力を鍛えるのに重要な4つの筋肉ごとにトレーニングをご紹介します。
正しいフォームをしっかりと覚えて、丁寧に実践していきましょう。

腹横筋を鍛える 初級編

腹直筋も

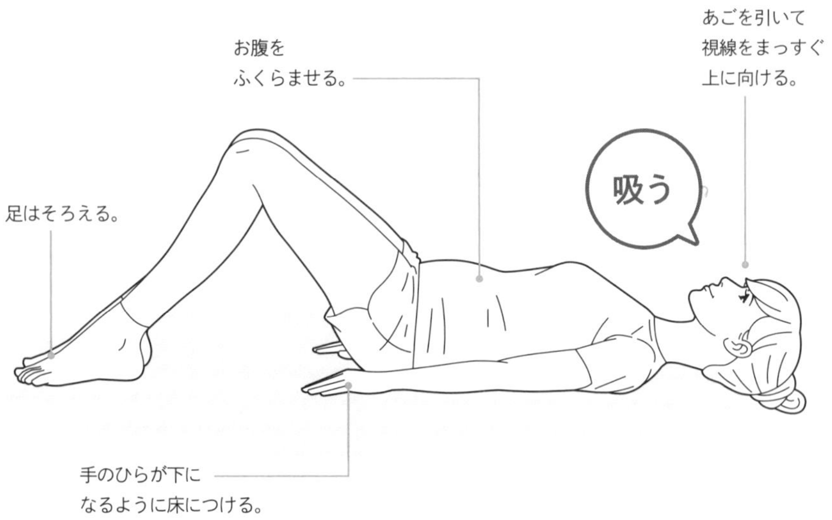

お腹を
ふくらませる。
あごを引いて
視線をまっすぐ
上に向ける。
吸う
足はそろえる。
手のひらが下に
なるように床につける。

1
両膝を立ててあおむけになり
息を吸って
お腹をふくらませる

2
息を吐きながら肩を上げるイメージで体を起こす

体力に合わせて

5〜10回

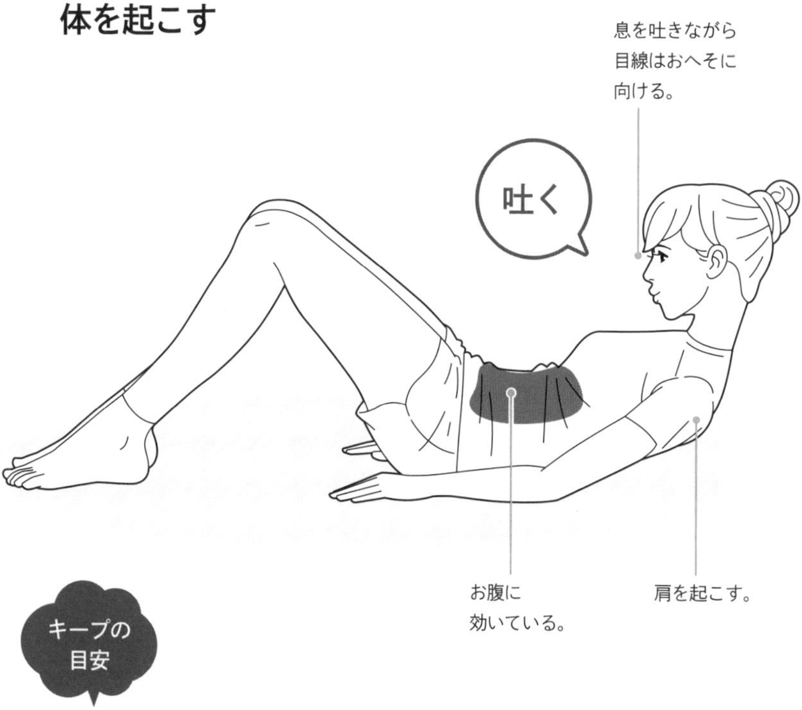
息を吐きながら
目線はおへそに
向ける。
吐く
お腹に
効いている。
肩を起こす。

キープの目安

息を吐きながら
３秒かけて起き上がり
3秒キープ

息を吸いながら
３秒かけて戻る

実践！
体幹力トレーニング

腸腰筋を鍛える
初級編

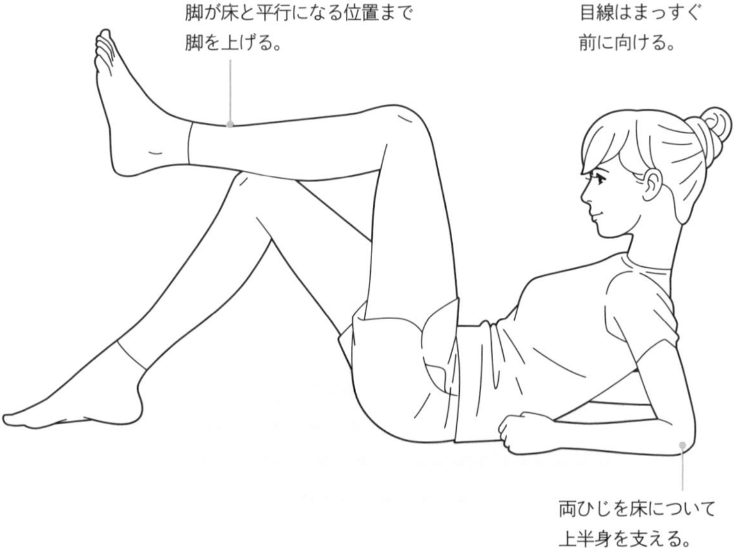
脚が床と平行になる位置まで
脚を上げる。
目線はまっすぐ
前に向ける。
両ひじを床について
上半身を支える。

1

**両ひじを床につき
片脚を膝から下が床と
平行になるように上げる**

2

膝を体に引きつけ
お腹に力を入れる
反対も同様に行う

左右各

**10回×
2〜3セット**

吐く
おへそを縮めるイメージで
膝をまっすぐ引き寄せる。
お腹に
効いている。
骨盤を床に
押しつける。

キープの目安

息を吐きながら
2秒かけて
膝を引きつける

息を吸いながら
３秒かけて戻る

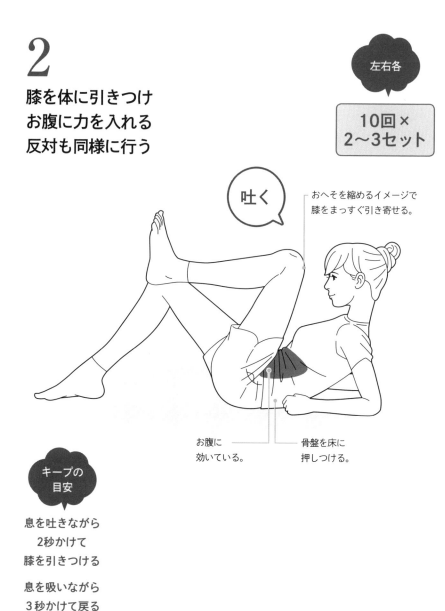

実践！
体幹力トレーニング

大臀筋を鍛える
初級編

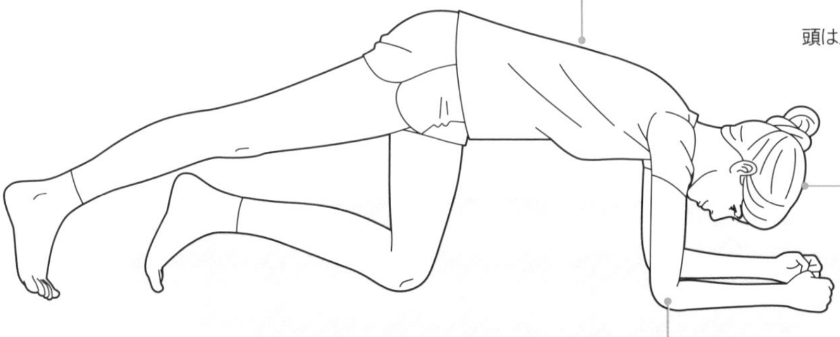
首と背中を
一直線にする。
頭は上げない。
肩の下に
ひじをつく。

1

頭から背中まで
一直線になるように
四つんばいになる

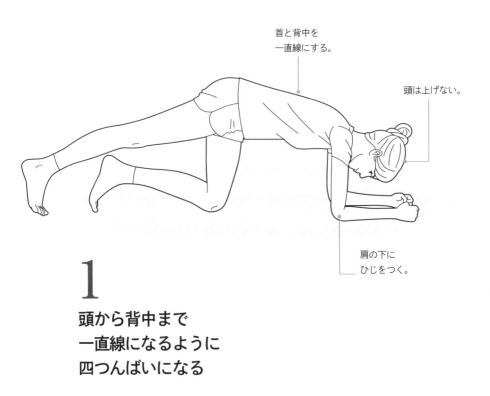

キープの目安

息を吐きながら
3秒かけて
膝を上げて
5秒間キープ

息を吸いながら
3秒かけて戻る

左右各

5回×
3セット

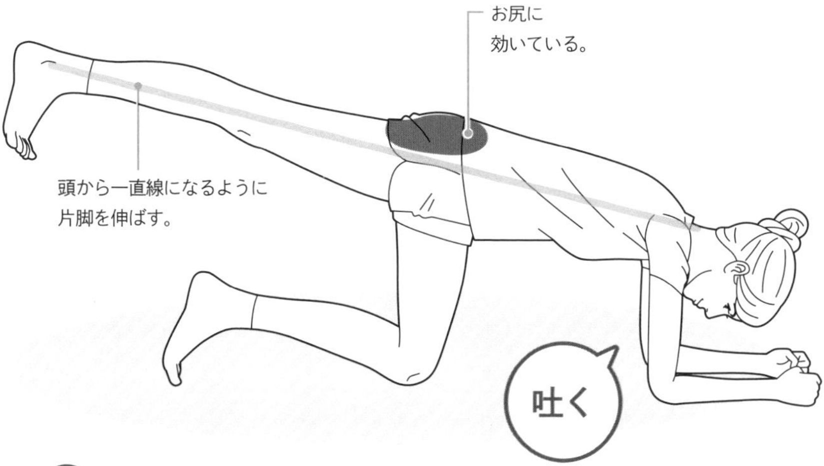
お尻に
効いている。
頭から一直線になるように
片脚を伸ばす。
吐く

2

頭からかかとまで一直線になるように片脚を上げる反対も同様に行う

実践！
体幹力トレーニング

多裂筋を鍛える
初級編

1

**あおむけに寝て
両膝を立てる**

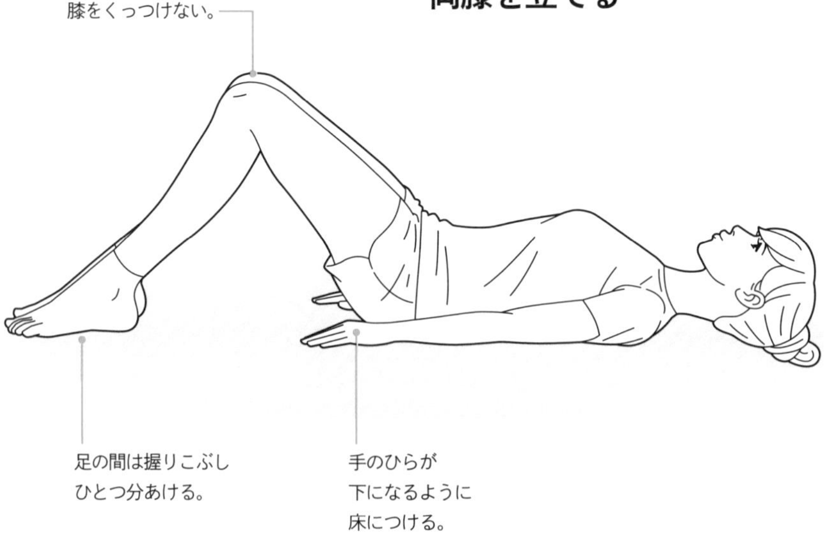
膝をくっつけない。
足の間は握りこぶし
ひとつ分あける。
手のひらが
下になるように
床につける。

キープの目安

息を吐きながら
2秒かけて
背中を持ち上げて
3秒キープ

息を吸いながら
３秒かけて戻る

左右各

5回×
2〜3セット

2
背中を持ち上げて体を一直線にする

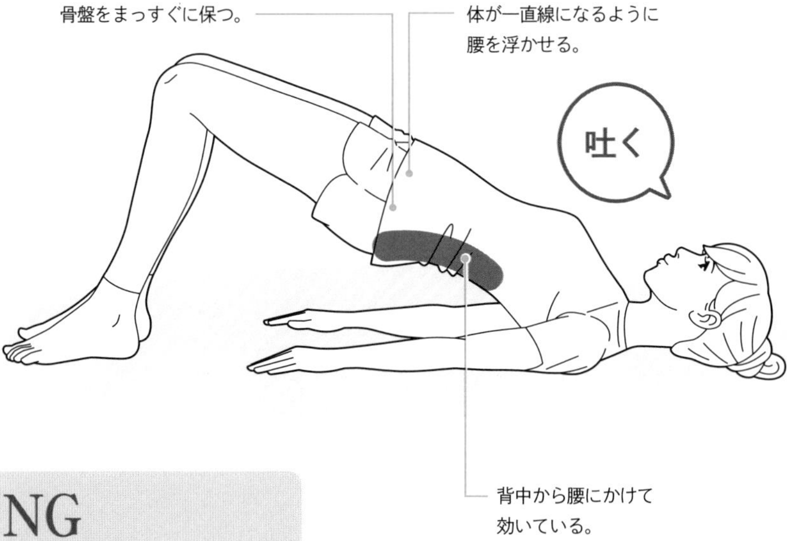
骨盤をまっすぐに保つ。
体が一直線になるように
腰を浮かせる。
吐く
背中から腰にかけて
効いている。

NG

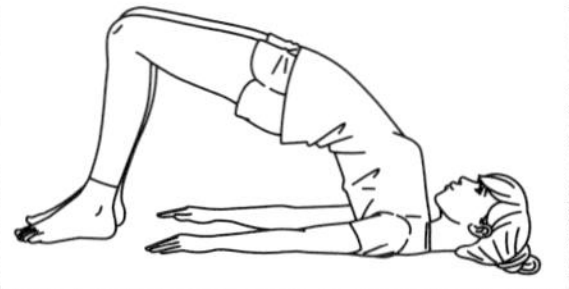

背中を持ち上げる際、反り過ぎていると腰に負担がかかるので注意。

実践！
体幹力トレーニング

腹横筋を鍛える
中級編

腹斜筋も

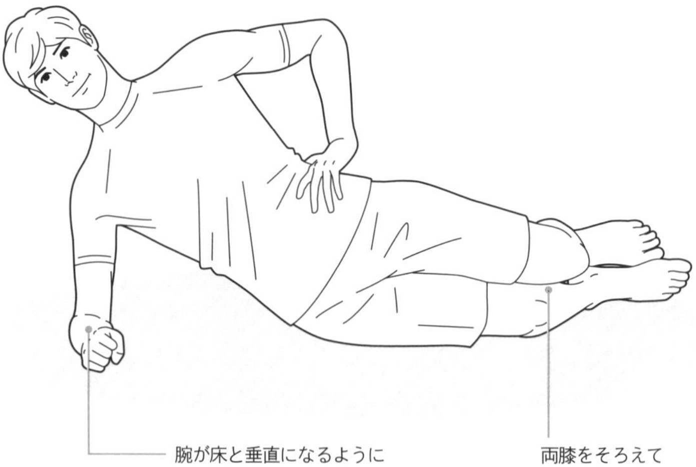

腕が床と垂直になるように
ひじをつく。
両膝をそろえて
軽く曲げる。

1

横向きになり
上半身を起こして
片方のひじで支える

2

息を吐きながら骨盤を上げて
ゆっくりと戻す
反対も同様に行う

左右
交互に

5回×
2～3セット

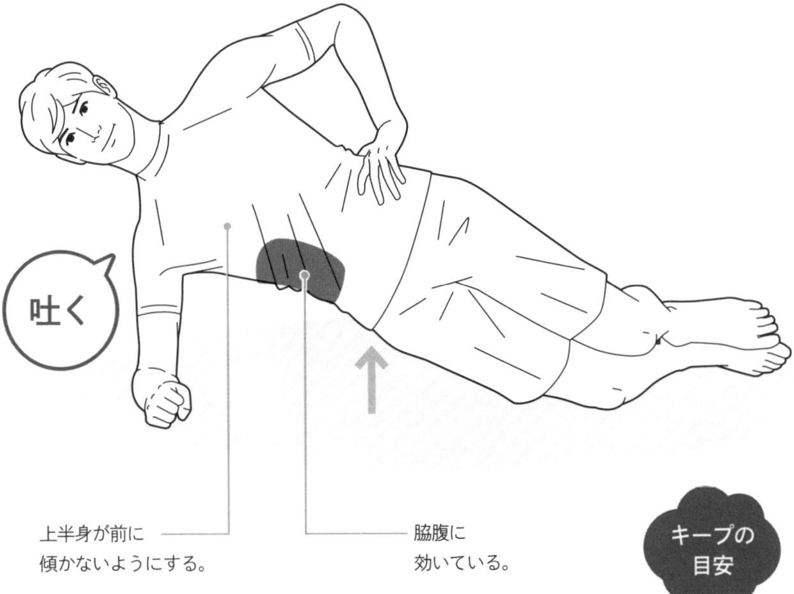
吐く
上半身が前に
傾かないようにする。
脇腹に
効いている。

キープの
目安

息を吐きながら
3秒かけて腰を上げ
10秒キープ

息を吸いながら
3秒かけて戻る

実践！
体幹力トレーニング

腸腰筋を鍛える
中級編

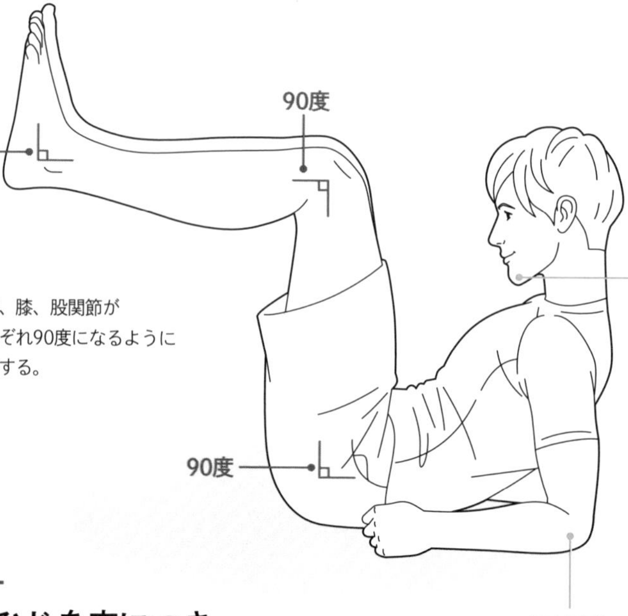
90度
90度
あごを引く。
足首、膝、股関節が
それぞれ90度になるように
意識する。
90度
肩の真下に
ひじをつく。

1
両ひじを床につき
両脚を上げる

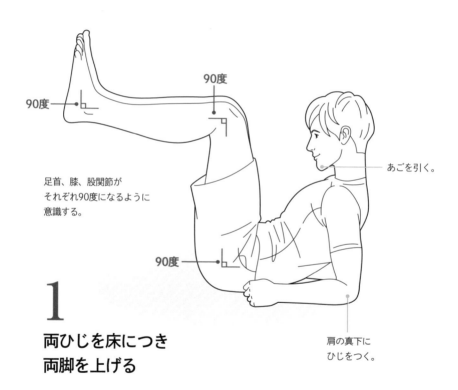

2

腹筋を意識して
両膝を体に引きつける

体力に
合わせて

10回×
3セット

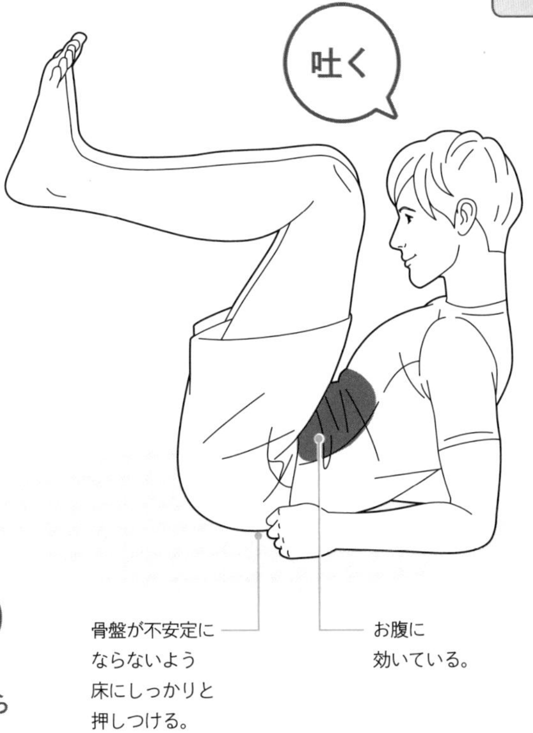
吐く
骨盤が不安定に
ならないよう
床にしっかりと
押しつける。
お腹に
効いている。

キープの
目安

息を吐きながら
3秒かけて
膝を引きつける

息を吸いながら
3秒かけて戻る

実践！
体幹力トレーニング

大臀筋を鍛える
中級編

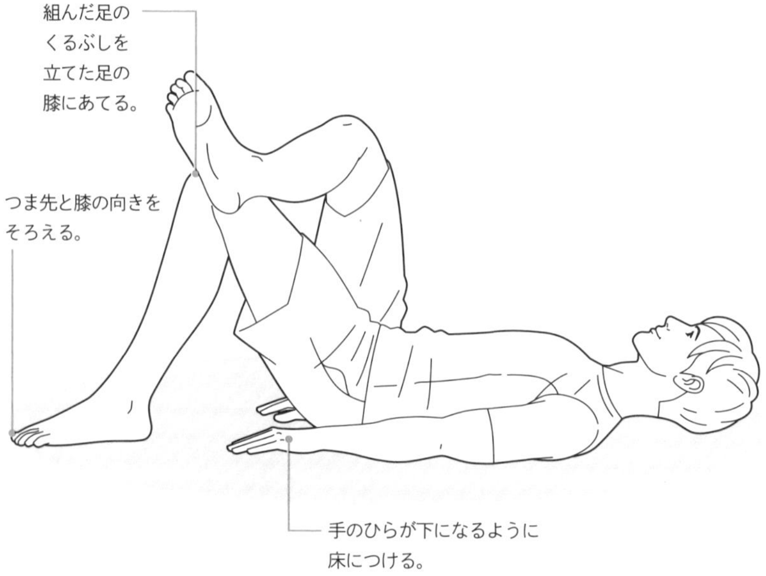
組んだ足の
くるぶしを
立てた足の
膝にあてる。
つま先と膝の向きを
そろえる。
手のひらが下になるように
床につける。

1

あおむけに寝て
片膝を曲げて立て
もう片方の脚と組む

キープの目安

息を吐きながら
３秒かけて
骨盤を持ち上げる

息を吸いながら
３秒かけて戻る

左右各

10回×
2～3セット

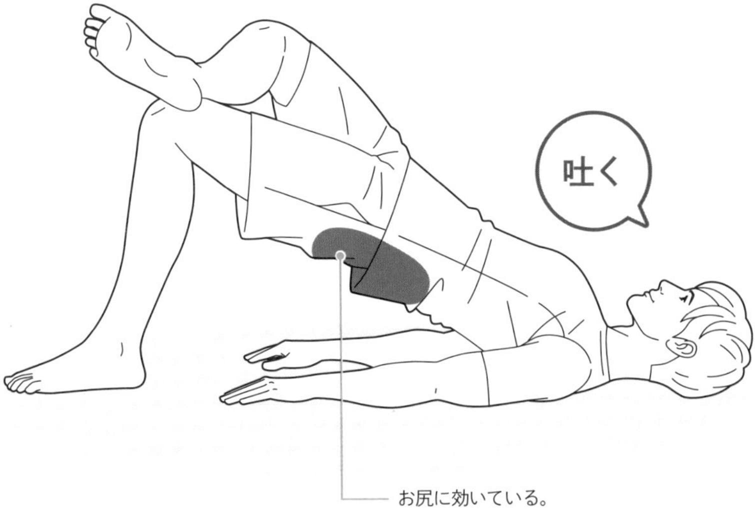

2

胸、お腹、膝が
一直線になる高さまで
骨盤を持ち上げる
反対も同様に行う

実践！
体幹力トレーニング

多裂筋を鍛える
中級編

1

四つんばいになり
腰を反らさないように
腹圧をかける

目線は
下に向ける。
膝と足の間を
握りこぶし
ひとつ分あける。

キープの目安

息を吐きながら
3秒かけて
手と脚を伸ばして
3秒キープ

息を吸いながら
3秒かけて戻る

左右交互に

10回×
2〜3セット

2

片方の腕と反対側の脚をまっすぐに伸ばす反対も同様に行う

手をまっすぐに
伸ばす。
吐く
膝を伸ばして
脚をまっすぐ上げる。
背中とお腹に
効いている。

NG

顔を上げてしまうと、背中や腰を反り過ぎた姿勢になり、背中や腰を痛めやすくなる。また、トレーニングの効果を得られなくなってしまうので注意。

こんなに違う!

都道府県別の「1日平均歩数」

厚生労働省の「平成28年国民健康・栄養調査」によると、都道府県別成人(20歳～64歳)の1日平均歩数は、男性では8762歩の大阪、女性では 7795歩の神奈川がトップでした。

健康寿命を伸ばして人生の最後まで元気で幸せな生活を送るために、厚生労働省の「スマート・ライフ・プロジェクト」では毎日プラス10分の身体活動を、スポーツ庁の「FUN+WALK PROJECT」では今よりプラス1000歩のウォーキングを呼びかけています。地方自治体では、徳島県鳴門市が体幹バランストレーニングに取り組み、子どもからシニアまで幅広い世代の基礎体力と健康意識の向上に力を注いでいます。

都道府県別 1日の平均歩数ランキング

男性						女性					
順位	都道府県名	歩数	順位	都道府県名	歩数	順位	都道府県名	歩数	順位	都道府県名	歩数
1	大阪	8762	24	北海道	7381	1	神奈川	7795	24	島根	6549
2	静岡	8676	25	福島	7297	2	京都	7524	25	秋田	6541
3	奈良	8631	26	鹿児島	7296	3	広島	7357	26	茨城	6471
4	東京	8611	27	佐賀	7283	4	滋賀	7292	27	福島	6470
5	京都	8572	28	石川	7254	5	東京	7250	28	石川	6465
6	埼玉	8310	29	富山	7247	6	岐阜	7234	29	三重	6460
7	岡山	8136	30	山梨	7236	7	大阪	7186	30	群馬	6430
8	千葉	8075	31	長野	7148	8	福岡	7155	31	宮城	6354
9	神奈川	8056	32	三重	7119	9	千葉	7086	32	徳島	6313
10	愛知	8035	33	山形	7098	10	静岡	6975	33	香川	6260
11	岐阜	7990	34	長崎	7061	11	山口	6969	34	新潟	6186
12	愛媛	7845	35	新潟	7029	12	大分	6954	35	岩手	6132
13	広島	7829	36	宮崎	7022	13	愛媛	6945	36	愛知	6077
14	山口	7817	37	群馬	6964	14	長崎	6929	37	富山	6074
15	兵庫	7782	38	沖縄	6850	15	埼玉	6880	38	和歌山	6062
16	滋賀	7760	39	島根	6820	16	山梨	6838	39	沖縄	6052
17	香川	7696	40	宮城	6803	17	兵庫	6813	40	北海道	6051
18	大分	7599	41	徳島	6791	18	奈良	6787	41	岡山	6042
19	栃木	7582	42	和歌山	6743	19	福井	6732	42	青森	6010
20	福井	7551	43	鳥取	6698	20	鹿児島	6700	43	宮崎	5939
21	福岡	7474	44	岩手	6626	21	佐賀	6635	44	山形	5893
22	青森	7472	44	秋田	6626	22	長野	6606	45	鳥取	5857
23	茨城	7445	46	高知	5647	23	栃木	6583	46	高知	5840

※熊本県は震災のためデータなし。
参考: 厚生労働省「平成28年国民健康・栄養調査報告」より作成

第5章

家族みんなで 体幹を鍛える

大人から子どもまで！体幹セルフケアをはじめよう

体が硬くてバランスが悪い「子どもロコモ」

ロコモ（ロコモティブシンドローム）は、足腰が衰えて、自分で移動する力が低下した状態です。要介護や寝たきり、認知症になる前に予防・改善したい、いわばシニア世代の問題でした。ところが、ここ十数年で「子どもロコモ」の問題が浮かび上がってきました。ネット環境が整った時代に生まれて、スマホやタブレットの進化とともに成長してきた子どもたちの体には、少し前の時代には考えられなかった異変が起きています。

認定NPO法人全国ストップ・ザ・ロコモ協議会では、①片脚立ちをふらつかずに5秒以上できない、②かかとを地面につけたまましゃがみ込みができない、③腕が垂直に上がらない、④膝を伸ばしたまま体を前にかがめて手の指が床につかない、の4項目のうち、ひとつでも当てはまれば子どもロコモの疑いがあるとしています。平成22〜25年に行われた調査では、約40％の子どもが何らかの運動器機能不全がみられました。子どもたちは、「極端な運動不足」と、「同じスポーツで特定の筋肉や関節ばかり酷使している」の二極化が進み、どちらも子どもロコモの要因に。7歳前後から姿勢が悪くなり、大きなけがが増えています。

休みの日は、家族みんなで姿勢や柔軟性のチェックをしてみましょう。体幹力や柔軟性は、子どもからおじいちゃん、おばあちゃんまで、誰でも何歳からでも伸ばせます。

家族みんなでチェックしよう

ロコモティブシンドロームはシニア世代だけでなく、子どもたちについても問題となっています。下記に紹介しているのは「子どもロコモ」のチェック項目です。家族みんなで試して、体の状態を確認し合ってみましょう。

[4つの運動機能不全チェック項目]

どれかひとつでもできなければ、子どもロコモの疑いがあります。

① 片脚立ち

・左右それぞれ、5秒以上ふらつかずに立てる

身体のバランスチェック

② しゃがみ込み

・途中で止まらず、最後までできる
・かかとが上がらない
・後ろに倒れない

下半身の柔軟性チェック

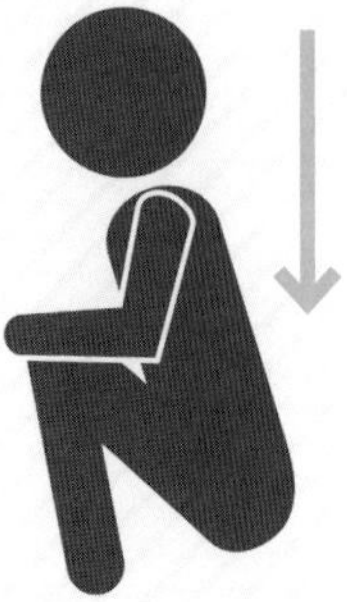

③ 肩挙上

・左右それぞれ、バランスよく耳の後ろまで垂直に両腕が上がる

上半身の柔軟性チェック

④ 体前屈

・膝を曲げずに、指先が楽に床につく

体幹の柔軟性チェック

大人から子どもまで ペアでできる体幹力トレーニング

体幹力の確認とトレーニングができるメニューをご紹介します。
ペアで行って、お互いの体幹力をチェックしてみましょう。

しゃがみ込み エクササイズ

1

向かい合って立ち 手をつなぐ

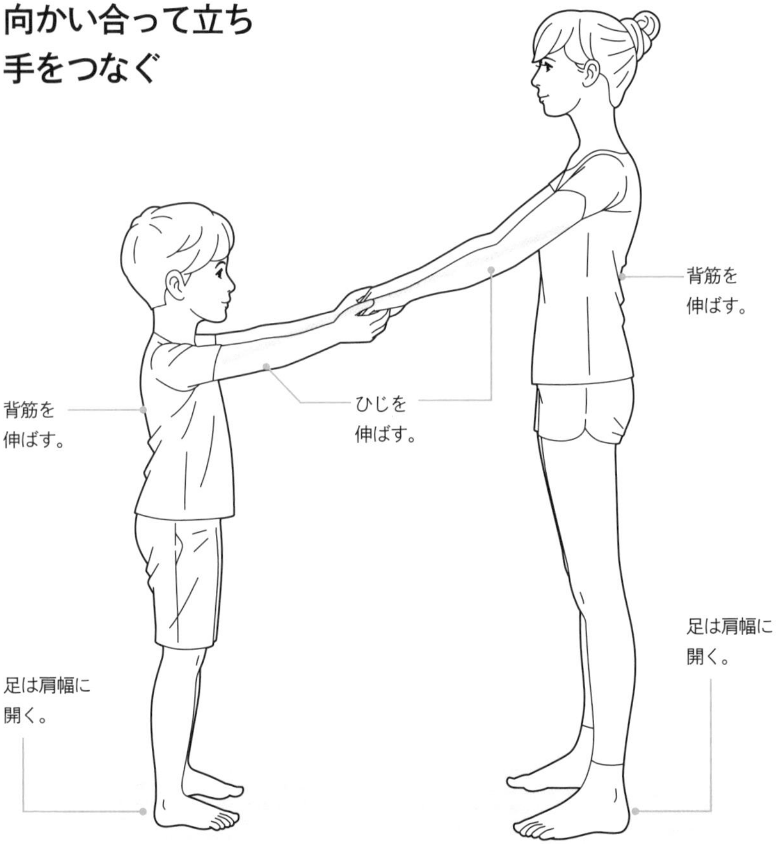
背筋を伸ばす。
ひじを伸ばす。
背筋を伸ばす。
足は肩幅に開く。
足は肩幅に開く。

2

ゆっくりと腰をおろしてしゃがむ

キープの目安

息を吐きながら
5秒かけて腰をおろし
10秒キープ

息を吸いながら
ゆっくりと戻る

体力に合わせて

5回

手はつないだままにする。
かかとは上げない。
かかとは上げない。

NG

しっかりとしゃがみ込めないのは、股関節や足首が硬い証拠。体が硬いと、けがや不調につながりやすい。

NG

体が傾いたり、ふらついたりしてしまうのは体幹力不足。このエクササイズを継続して行い、体幹力を高めよう。

大けがや足の変形から子どもを守る

ゴールデンエイジに体幹バランスを鍛える！

鬼ごっこや缶蹴り、ゴム跳び、だるまさんが転んだなど、昔の子どもは夢中になって遊んでいるうちに体幹力やバランス感覚が磨かれ、体力や運動神経も目覚ましく向上しました。5歳から12歳の間はゴールデンエイジと呼ばれるほど、身体や運動能力の発達が著しい時期。神経系の発達は12歳で大人とほぼ同じといわれています。

でも、現代では公園で駆け回っている子どもを見かけることはほとんどありません。体を動かさない子どもたちには、見過ごせない異変が起きています。そのひとつはけが。昔は、転んでも反射的に手が出て、手のひらや膝小僧をすりむくぐらいでした。ところが、転んでも手を出せない子どもが増え、頭や顔から転んで大けがをしてしまうケースが増えているのです。

もうひとつは、足の指の変形です。およそ8割の子どもは、立っているときや座っているときに足の指が浮いてしまう「浮き指」の症状が出ているといわれています。足の指を使ってしっかりと踏ん張ることができないので、転倒やけがをしやすく、バランスのよい姿勢を保つのも苦手になります。さらに最近では、大人の足のトラブルと思われていた外反母趾の子どもも増えています。

こうしたけがや足の変形は、なによりも予防が大切です。親子で体を動かす遊びをして、体幹やバランス感覚を鍛えるようにしましょう。

園児にも深刻な浮き指

ある幼稚園で園児98名(5歳児、4歳児)を対象に足裏の体重のかかり方を調べたところ、半数以上が足の指が浮いてしまう浮き指であることがわかりました。浮き指では体のバランスをうまく保つことができず、転倒やけがをしやすくなってしまいます。

[園児98名の浮き指の割合]

両足正常

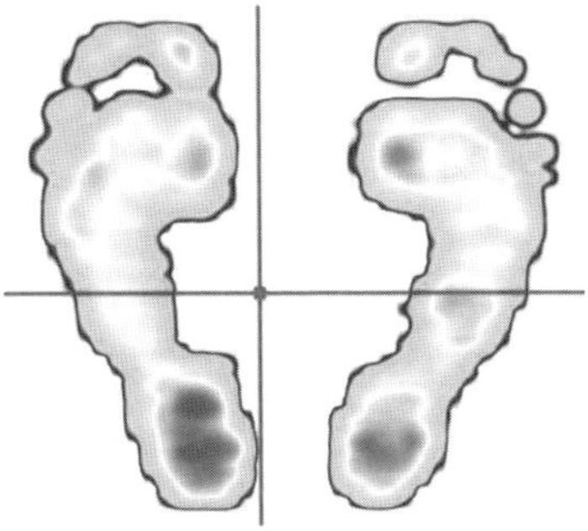

10%(10名)

両足浮き指

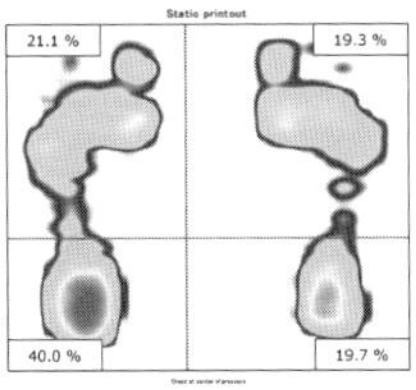

54%(53名)

両足やや浮き指

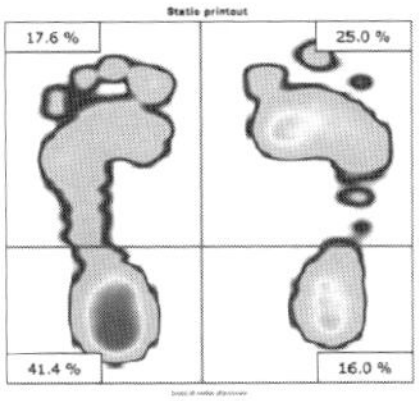

23%(23名)

8割弱の園児が浮き指!

情報提供:株式会社ドリーム・ジーピー

子どもの体をつくる体幹力トレーニング

大人だけでなく子どもにも重要な体幹力。運動能力が飛躍的に伸びる時期にしっかりと体の使い方を覚え、けがを予防しましょう。

子どもの体幹力トレーニング初級編①

1
ひじを立ててうつぶせに寝る

キープの目安

息を吐きながら
3秒で骨盤を持ち上げ
3秒キープ

息を吸いながら
3秒かけて戻る

体力に合わせて

5回×3セット

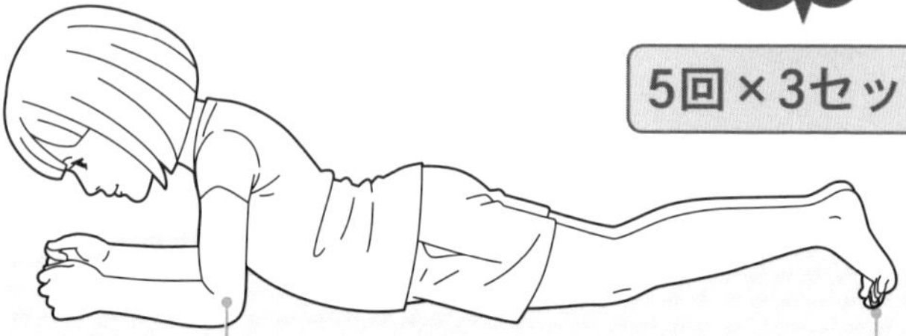

腕が床と垂直になるようにひじをつく。

つま先を立てる。

2
すばやく骨盤を上げてゆっくりと戻す

お腹と背中に効いている。

頭から足先まで一直線になるようにする。

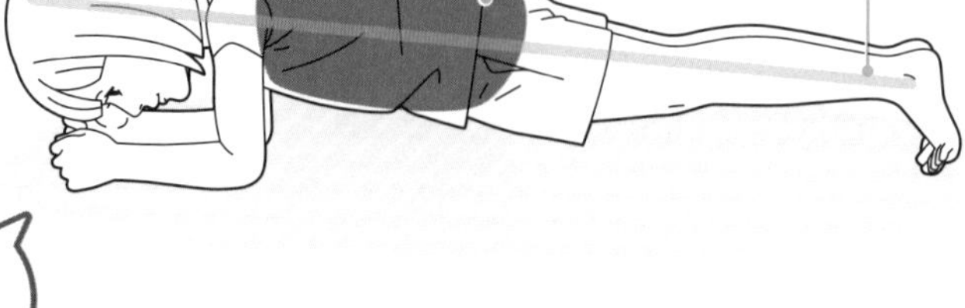

吐く

子どもの体幹力トレーニング初級編②

キープの目安

息を吐きながら
3秒かけて脚を上げ
3秒キープ

息を吸いながら
3秒かけて戻る

左右交互に

5回×3セット

脚は骨盤幅に開く。

1

脚を骨盤幅に開いてまっすぐに立つ

2

片方の脚の膝を上げて立つ反対も同様に行う

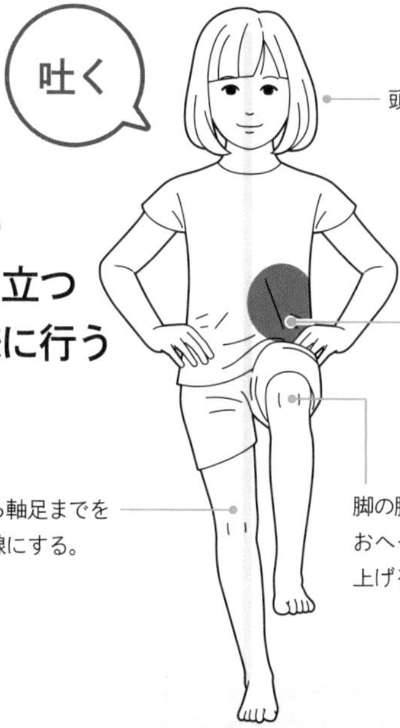

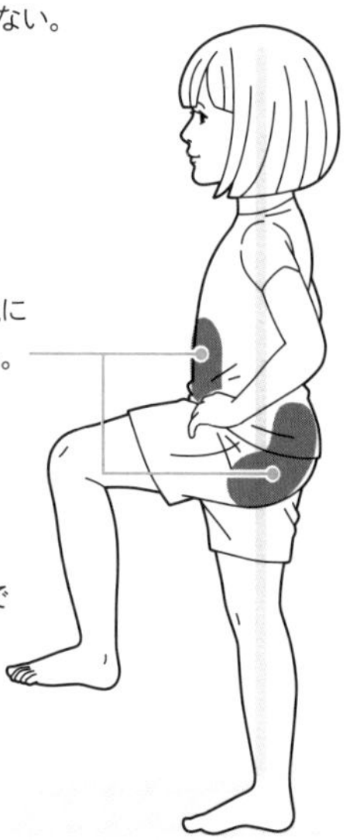

頭をブレさせない。

お腹とお尻に効いている。

頭から軸足までを一直線にする。

脚の膝はおへその高さまで上げる。

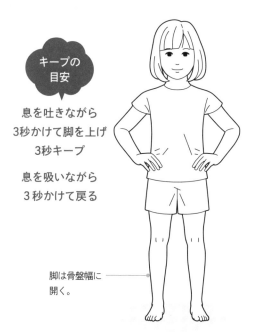

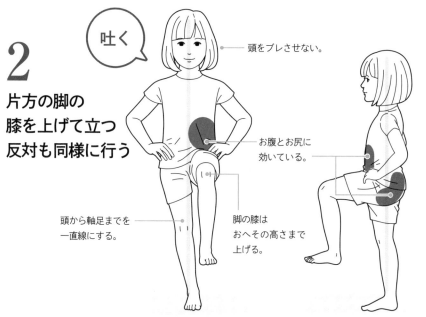

子どもの体をつくる
体幹力トレーニング

子どもの体幹力
トレーニング
中級編①

左右それぞれ
スロー、
クイックを各

5回×2セット

キープの
目安

スロー

息を吐きながら
3秒かけて
骨盤を持ち上げ
息を吸いながら
3秒かけて戻る

＋

クイック

息を吐きながら
すばやく
骨盤を持ち上げ
3秒キープ
息を吸いながら
戻る

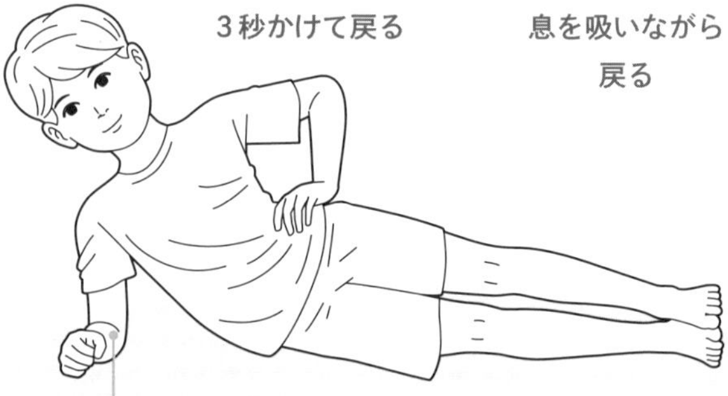

1
ひじを立てて
横向きに寝る

腕が床と垂直に
なるようにひじをつく。

2
骨盤を上げて
ゆっくりと戻す

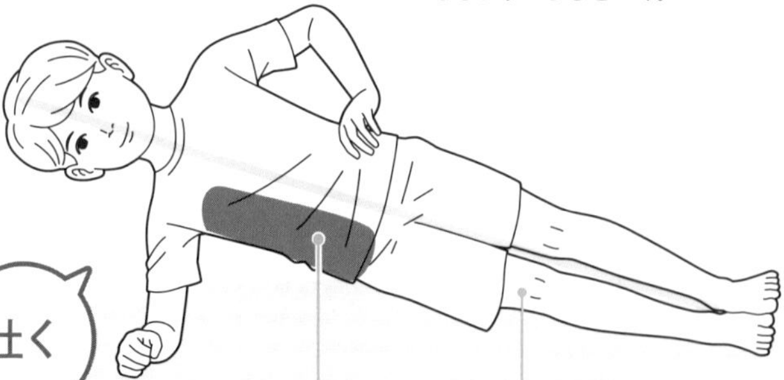

吐く

脇腹に
効いている。

頭から足先まで
一直線になるようにする。

POINT！

スローとクイックを行うことで、バランスを崩しにくく、瞬時に力を入れられる体になる。

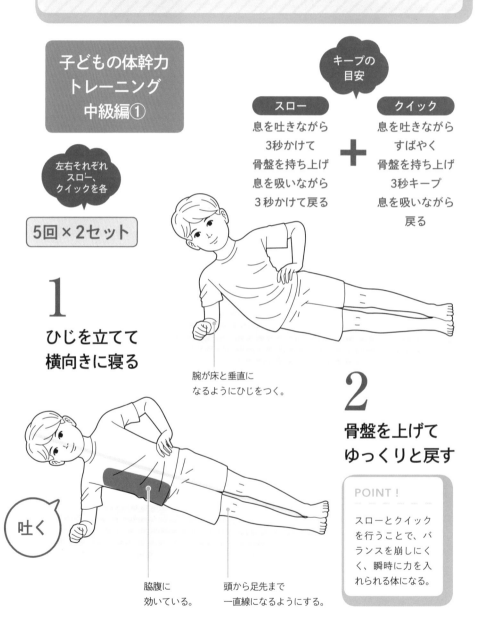

子どもの体幹力トレーニング 中級編②

左右それぞれスロー、クイックを各

3回×3~5セット

キープの目安

スロー

息を吐きながら
3秒かけて
脚を上げ
10秒キープ
息を吸いながら
３秒かけて戻る

＋

クイック

息を吐きながら
すばやく
脚を上げ
5秒キープ
息を吸いながら
戻る

1

脚を肩幅に開いてまっすぐに立つ

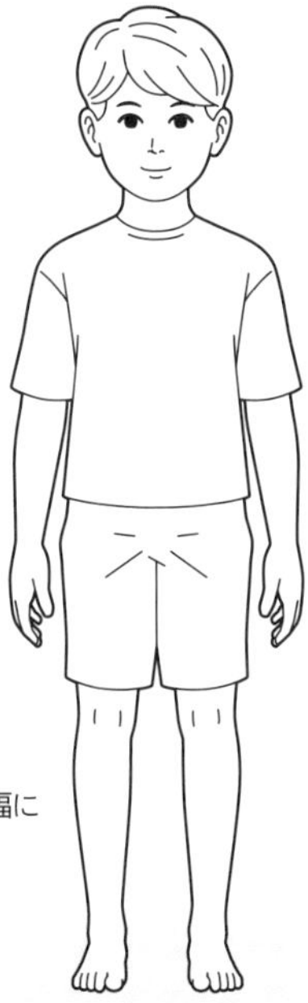
脚は肩幅に
開く。

2

両手で膝を抱え込み腿をお腹へ引きつける反対も同様に行う

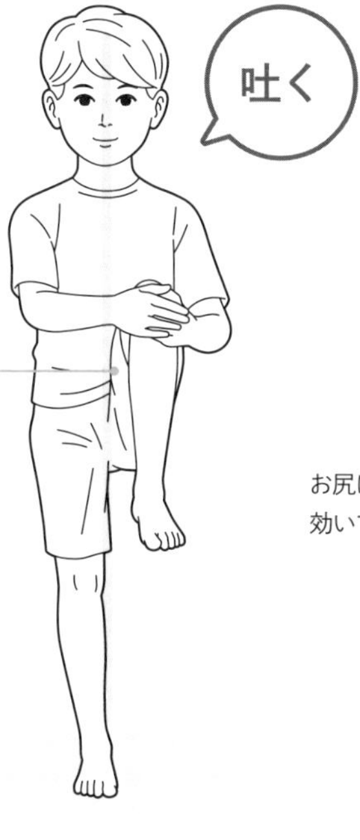
吐く
腿をお腹に
つける。

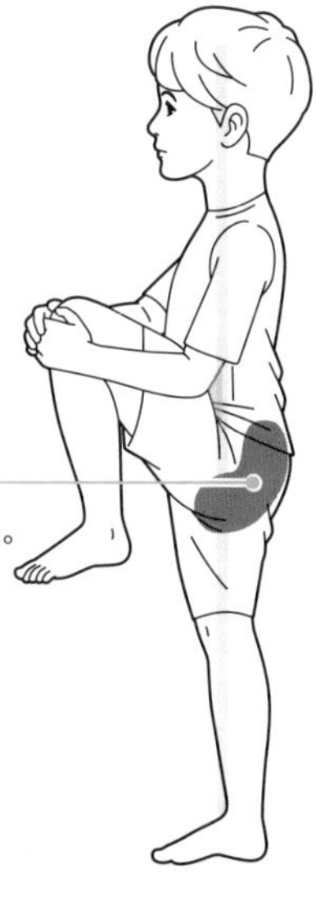
お尻に
効いている。

速く走れる体になる
体幹力トレーニング

早く走るためには、体がブレないことや、腕や脚がスムーズに動かせることなどが必要となります。トレーニングを重ねれば、速く走れる体に変わっていきます。

走力アップ
トレーニング①

左右各

5回×3セット

キープの目安

息を吐きながら
3秒で脚を上げ

息を吸いながら
3秒かけて戻る

1
あおむけに寝て両膝を立てる

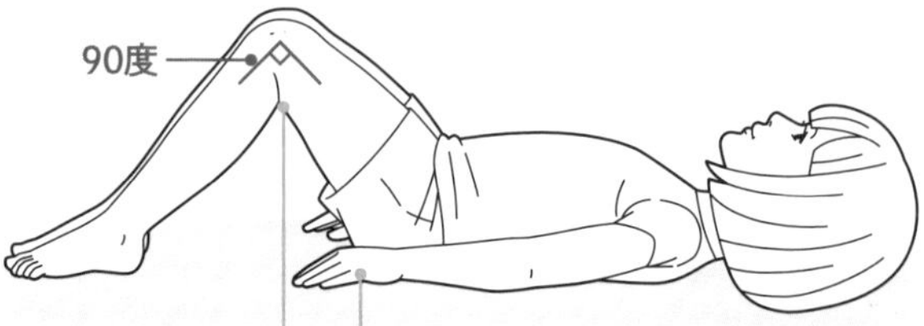

90度
膝は握りこぶし
ひとつ分あける。
手のひらが下に
なるように床につける。

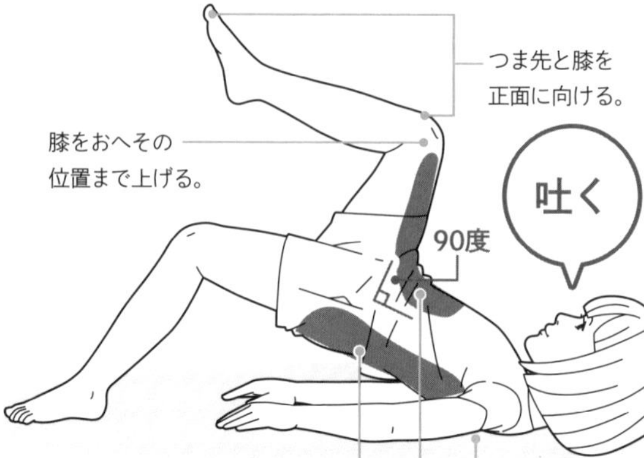

つま先と膝を
正面に向ける。
膝をおへその
位置まで上げる。
90度
吐く
お腹、腿の前側、
背中に効いている。
肩甲骨を
浮かせる。

2
骨盤を上げると同時に片脚を上げる

走力アップ
トレーニング②

左右各

5回×2セット

キープの
目安

息を吐きながら
3秒かけて
脚を上げ

息を吸いながら
３秒かけて戻る

1 あおむけに寝て両膝を立てる

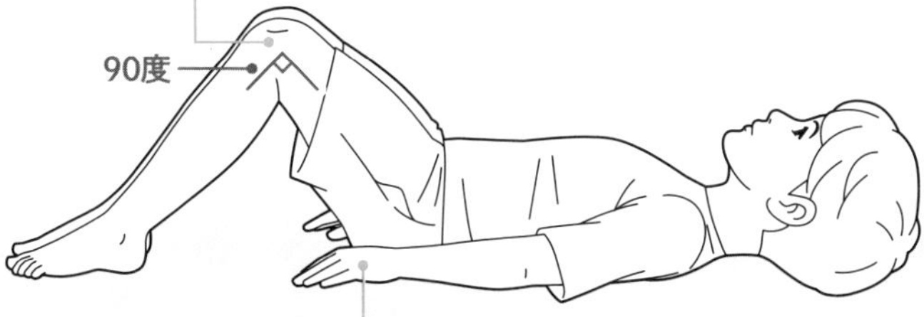
膝は握りこぶし
ひとつ分あける。
90度
手のひらが下になるように
床につける。

2 骨盤を上げながら片脚をまっすぐ伸ばす

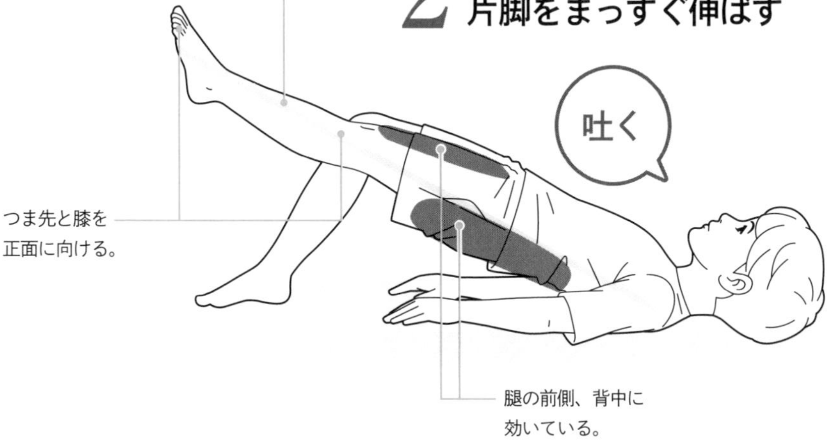
肩からつま先までが
一直線になる高さまで上げる。
吐く
つま先と膝を
正面に向ける。
腿の前側、背中に
効いている。

シニアの転倒や寝たきり、認知症を防ぐ

いくつになっても体幹バランスは取り戻せる

若い頃なら早期に回復する病気やけがでも、シニア世代にとっては要注意。特に気をつけたいのが「転倒」です。転倒が原因で起こりやすい大腿骨骨折は、歩けるようになるまで時間がかかります。安静にしている間に著しく筋力が衰え、寝たきりや認知症になることもあります。とはいっても、転倒を恐れて外出を減らすと、やはり筋力や身体機能の低下を招いてしまいます。

転倒は、屋外だけでなく自宅のリビングでも起きています。脚を上げる腸腰筋が衰えるとすり足になり、カーペットや敷居などちょっとした段差につまずきやすくなります。また、体幹が弱くなるとバランスを崩しやすくなります。その結果、階段や玄関で足を踏み外す、浴室やフローリングの床など滑りやすい場所で転んで頭を打つなど、慣れ親しんだ自宅で重傷を負ってしまったというケースも少なくありません。

手《て》摺《すり》をつける、ベッドやいすの高さを調整するといった環境の整備も大切ですが、それだけでは転倒を防ぐことはできません。やはり、転倒しにくい体になる、つまり体幹バランスを取り戻すことが必要なのです。筋肉は、たとえ90歳を超えていても、鍛えれば応えてくれます。また、筋力をアップさせ、ストレッチで柔軟性を保つことは、関節を守ることにもつながります。いつまでも自分の足で歩ける充実した人生を目指しましょう。

けがの原因 NO.1は転倒

事故種別ごとの高齢者の救急搬送人員

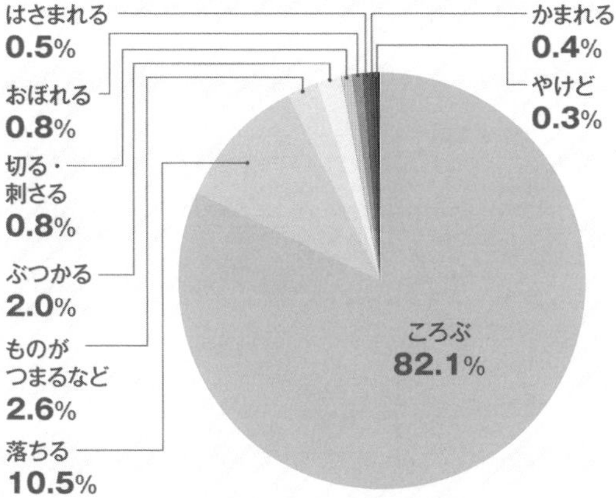
はさまれる
0.5%
おぼれる
0.8%
切る・
刺さる
0.8%
ぶつかる
2.0%
ものが
つまるなど
2.6%
落ちる
10.5%
かまれる・刺される
0.4%
やけど
0.3%
ころぶ
82.1%

「ころぶ」が
全体の8割以上!

東京消防庁管内（東京都のうち、稲城市、島しょ地区を除く地域）の平成27年から5年間の動作別のけがでもっとも多かったのは「ころぶ」で、全体の8割以上を占めています。また、5年間にころんだことによるけがで救急搬送された人は27万人以上にも及びます。

※対象:東京消防庁管内（東京都のうち、稲城市、島しょ地区を除く地域）で救急搬送された65歳以上。
※総数:333,234人（事故種別が「その他」、「不明」なものを除く。）
出典:東京消防庁「救急搬送データからみる高齢者の事故」より作成

高齢者の転倒事故は年々増加

高齢者のけがのなかでももっとも多い「ころぶ」事故ですが、平成27年から令和元年にかけての5年間では、救急搬送人数が年々増加傾向にあります。

「ころぶ」事故による高齢者の年別救急搬送人員

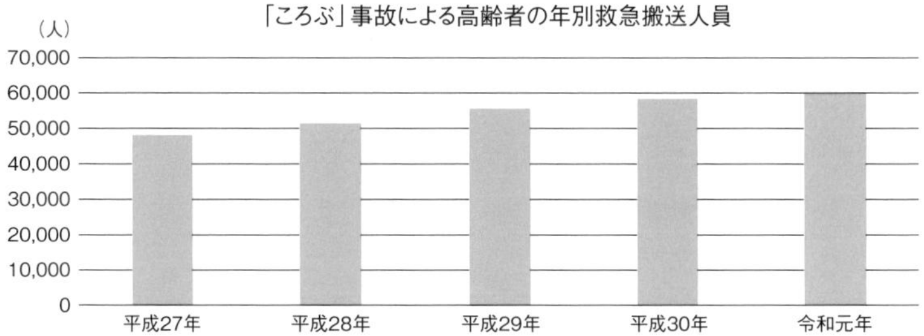
（人）
70,000
60,000
50,000
40,000
30,000
20,000
10,000
0
平成27年
平成28年
平成29年
平成30年
令和元年

※対象:東京消防庁管内（東京都のうち、稲城市、島しょ地区を除く地域）で救急搬送された65歳以上。
※総数:273,419人
出典:東京消防庁「救急搬送データからみる高齢者の事故」より作成

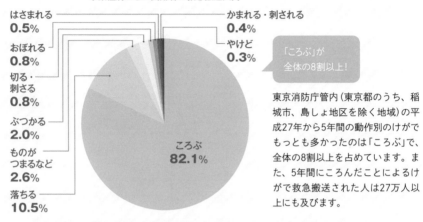

けが知らずの体に！
シニアの体幹力トレーニング

筋肉は使わなければどんどん衰えてしまいますが、何歳からでも鍛えることができます。元気に動ける体を目指して、自分のペースで続けていきましょう。

シニアの体幹力トレーニング 初級編

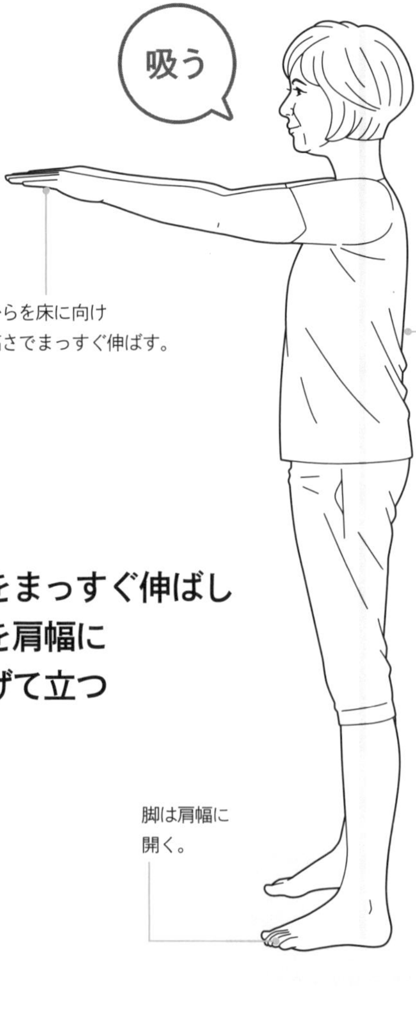
吸う
手のひらを床に向け
肩の高さでまっすぐ伸ばす。
背筋を
まっすぐ伸ばす。
脚は肩幅に
開く。

1
腕をまっすぐ伸ばし
脚を肩幅に
広げて立つ

キープの目安

息を吐きながら
3秒かけて
腰をおろし
3秒キープ

息を吸いながら
ゆっくりと戻る

体力に合わせて

**10回×
2～3セット**

2

息を吐きながら 腰をおろし ゆっくりと戻す

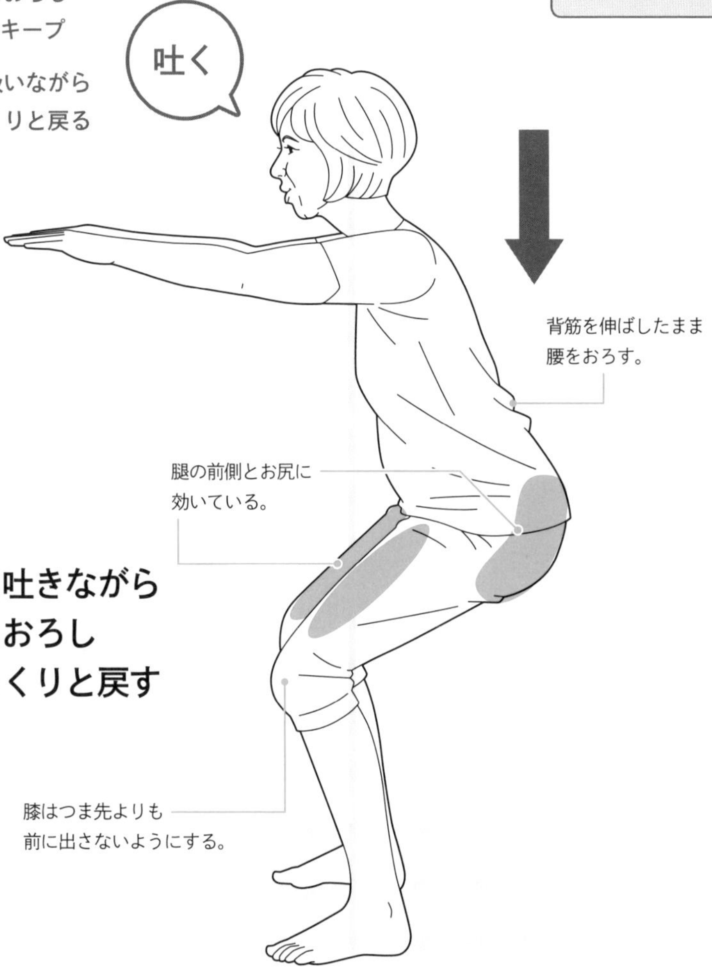
吐く
背筋を伸ばしたまま
腰をおろす。
腿の前側とお尻に
効いている。
膝はつま先よりも
前に出さないようにする。

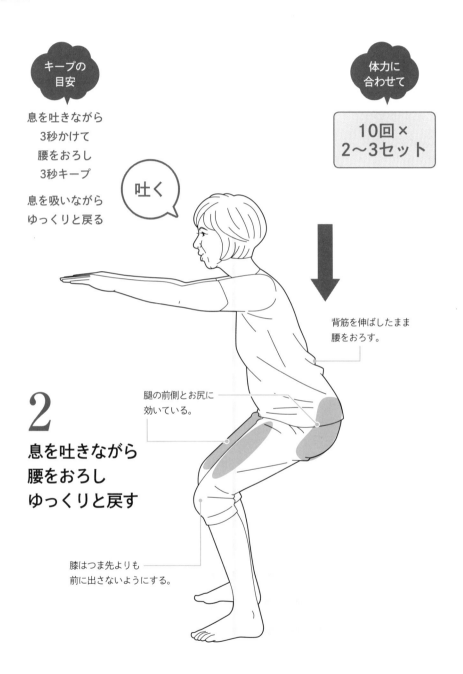

シニアの体幹力
トレーニング
中級編

1

脚をそろえて横向きになり
ひじをついて上半身を支える

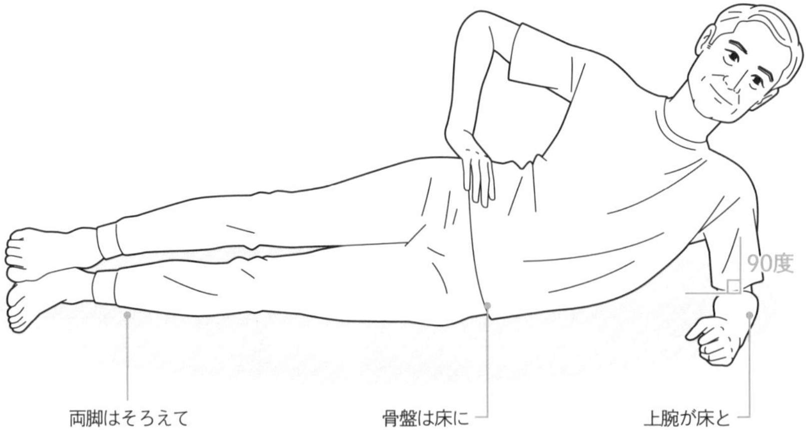
90度
両脚はそろえて
伸ばす。
骨盤は床に
押しつける。
上腕が床と
垂直になるように
ひじをつく。

キープの目安

息を吐きながら
3秒かけて
脚を上げ
息を吸いながら
ゆっくりと戻る

体力に合わせて左右各

10回×
2〜3セット

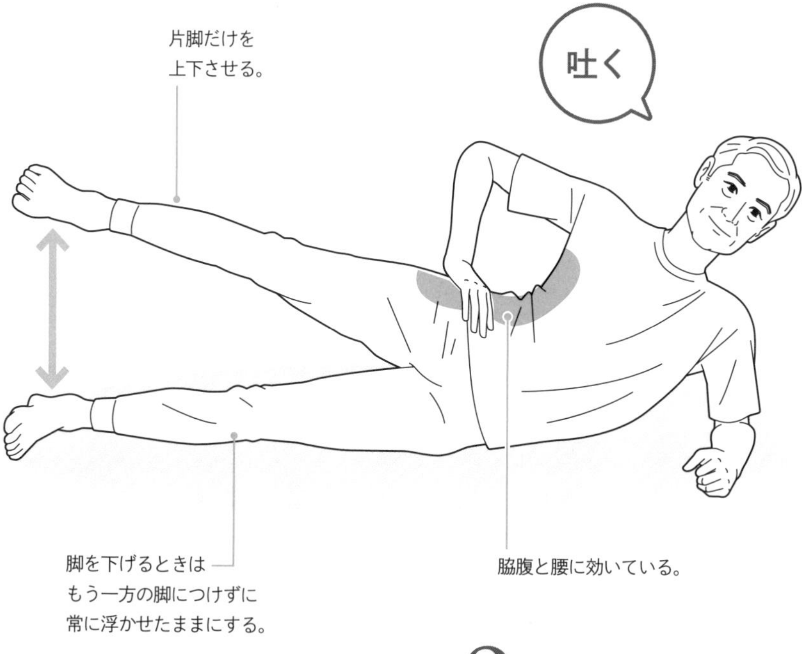
片脚だけを
上下させる。
吐く
脚を下げるときは
もう一方の脚につけずに
常に浮かせたままにする。
脇腹と腰に効いている。

2

上半身、骨盤を固定して片脚を上下させる反対も同様に行う

POINT！

骨盤を床に押しつけるイメージで行うと、固定しやすくなる。

腕と脚を持ち上げて たるんだウエストを引き締め！

体幹を鍛えることで、ウエストの引き締め効果も期待できます。
健康を保って動けるだけでなく、見た目も美しい体を目指しましょう。

ウエスト引き締めトレーニング

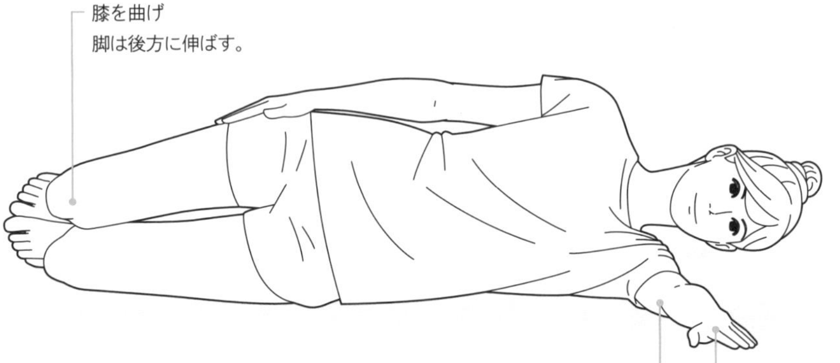

膝を曲げ
脚は後方に伸ばす。
腕はまっすぐ
前に伸ばす。
手のひらは
床につける。

1
膝を曲げ 腕を伸ばして寝る

キープの目安

息を吐きながら
3秒かけて
膝を上げて
脇腹を縮め
3秒キープ

息を吸いながら
ゆっくりと戻る

左右各

10回×
3セット

2

直線を意識しながら頭、脚、腕を浮かせゆっくりと戻す反対も同様に行う

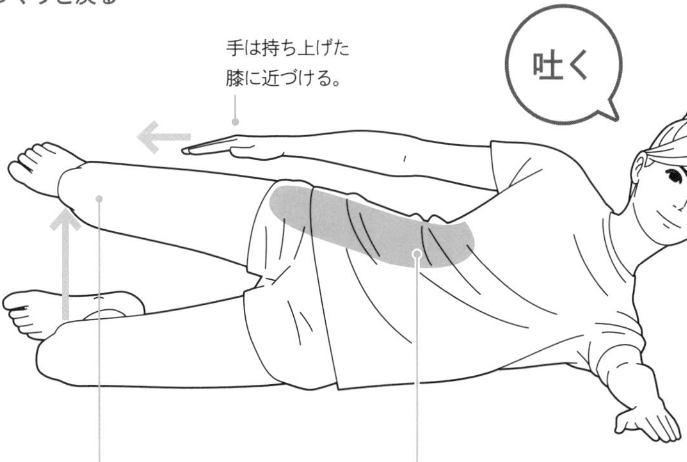
吐く
手は持ち上げた膝に近づける。
腰と同じ高さにすることを意識しながら上げる。
脇腹に効いている。

POINT！

浮かせた腕を引き上げた膝に近づけるようにすると、脇腹がよく伸びる。

内臓の位置を戻して ぽっこりお腹を解消！

下腹がぽっこりと出てしまうのは、お腹周りの筋肉がゆるんで
内臓を支えきれなくなっているから。
体幹を鍛えて内臓の位置を元に戻し、体型も整えましょう。

ぽっこりお腹解消トレーニング

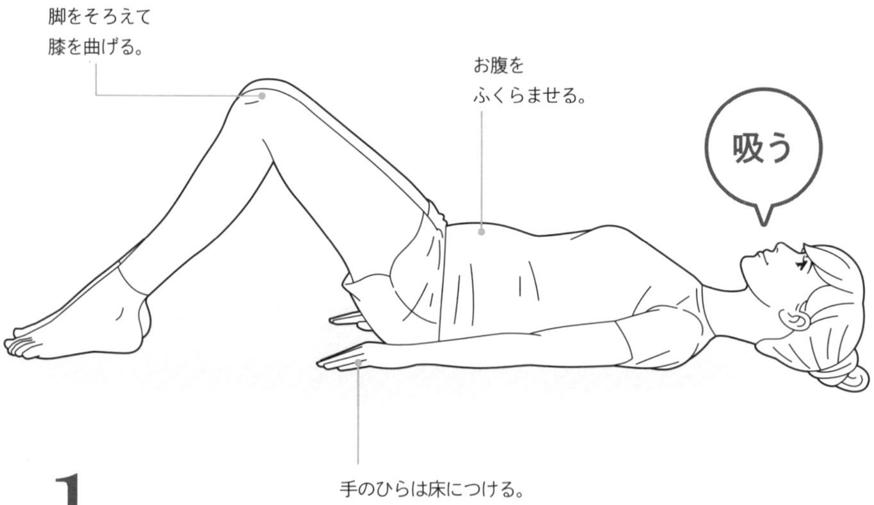
脚をそろえて
膝を曲げる。
お腹を
ふくらませる。
吸う
手のひらは床につける。

1
両膝を立てて あおむけに寝る

キープの目安

息を吐きながら
3秒かけて
膝を上げ
3秒キープ

息を吸いながら
3秒かけて戻る

体力に合わせて

10回×
2〜3セット

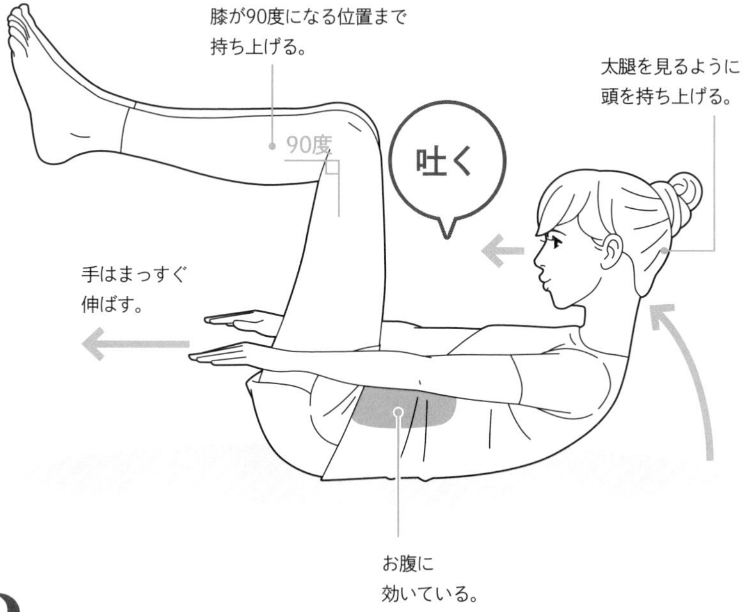
膝が90度になる位置まで
持ち上げる。
90度
吐く
太腿を見るように
頭を持ち上げる。
手はまっすぐ
伸ばす。
お腹に
効いている。

2

手を伸ばし
頭と膝を持ち上げる

肩こり撃退！
VWTエクササイズ

崩れた姿勢でいると、筋肉の減少や血行不良を招き、慢性的な肩こりに。
自然に呼吸をしながら肩周りをしっかりと動かして、血行を促進しましょう。
肩周りの筋肉を鍛える効果もあります。

肩こり解消
エクササイズ

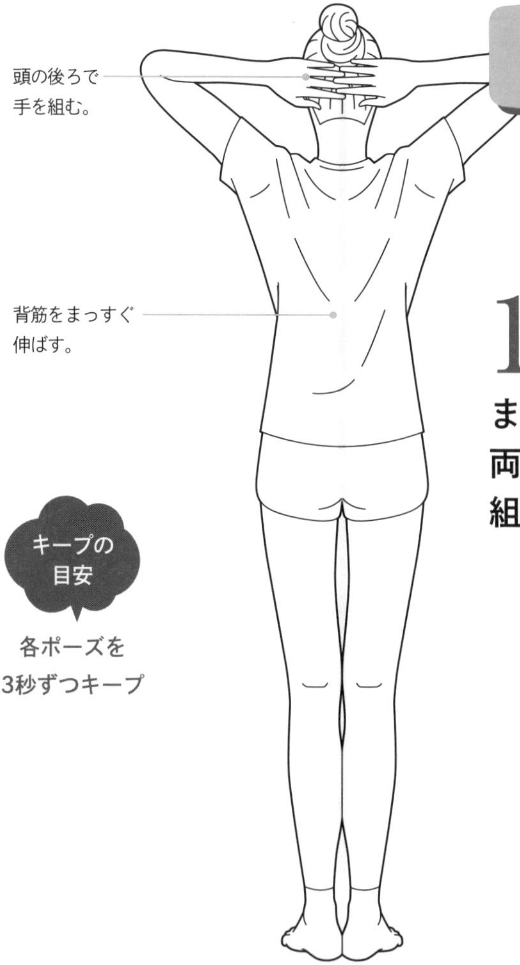
頭の後ろで
手を組む。
背筋をまっすぐ
伸ばす。

1
**まっすぐに立ち
両手を頭の後ろで
組む**

キープの
目安

各ポーズを
3秒ずつキープ

2 両腕を斜め上に伸ばして「V」字をつくる

手のひらは
正面に向ける。
肩甲骨を
引き上げる。

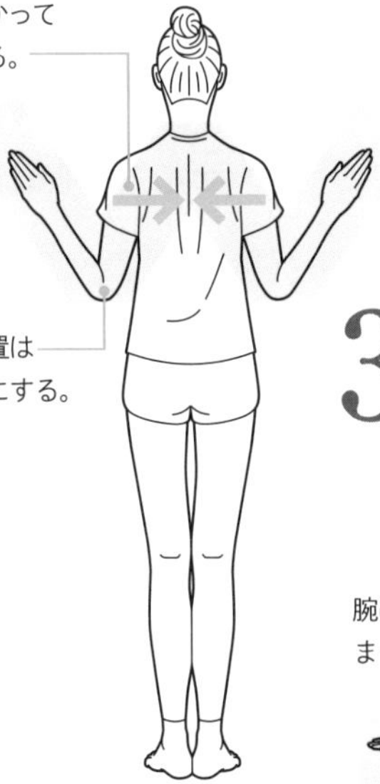
肩甲骨を
中心に向かって
引き寄せる。
ひじの位置は
体の真横にする。

3 両ひじを曲げて「W」字をつくる

腕は肩の高さで
まっすぐ伸ばす。
ひじの位置は
体の真横にする。

4 両腕を真横に伸ばして「T」字をつくる

1〜4を
繰り返す

5回

背中を伸ばして腰痛改善！

腰痛を改善するためには、体の軸をまっすぐにすることと柔軟な筋肉をつくることが重要です。背中を中心にしてまっすぐに伸ばすように意識しましょう。

腰痛解消エクササイズ

1
あおむけに寝て片膝と片腕を上げる

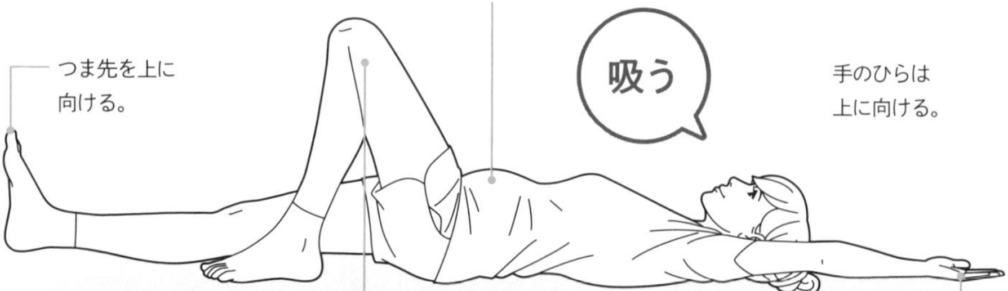

お腹を
ふくらませる。
吸う
つま先を上に
向ける。
手のひらは
上に向ける。
同じ側の膝と
腕を上げる。

キープの目安

息を吐きながら
3秒かけて伸ばす

息を吸いながら
ゆっくりと戻る

左右各

5回

2

背中から腰を床に押しつけ しっかりと伸ばす 反対も同様に行う

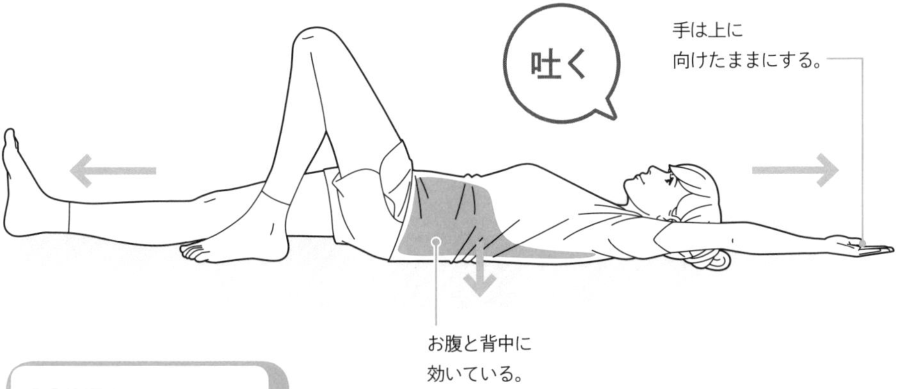
吐く
手は上に
向けたままにする。
お腹と背中に
効いている。

POINT！

腕と脚を伸ばすときに、背中から腰を床に押しつけるイメージで行うとしっかりと伸びる。

体幹を鍛える最強の歩き方

ウォーキングとの相乗効果で理想的な健康メソッド

最後に、とっておきのトレーニング「体幹バランスウォーキング」をご紹介しましょう。ウォーキングは、特に運動習慣がなくても無理なくできる全身運動です。脚だけでも、大腿四頭筋、ハムストリングス、内転筋、前脛骨《ぜんけいこつ》筋、下腿三頭筋といった複数の筋肉を鍛えられます。全身の血液の流れもよくなるので、新陳代謝が活発になり冷え性の改善にもつながります。脂肪を燃焼して無理なくダイエットできる有酸素運動でもあります。さらに体幹トレーニングの要素をプラスすれば、相乗効果でより健康になれるのです。

体幹バランスウォーキングは、最初にドローインを何度か行うと、体幹を意識しやすくなります。歩くときは背筋を伸ばして軽くあごを引き、視線はまっすぐ前を見ます。肩の力を抜き、肩甲骨を軽く引き寄せ、腕は少し内側に振ります。歩幅は自分の足の1〜1・5個分が目安です。ポイントは、1本の線の上を歩くイメージで進むこと。腹圧が抜けていると姿勢が崩れやすく疲労や腰痛の原因になるので、腹部の筋肉を意識しながら腹圧をかけて歩きましょう。

体幹が安定すれば、体全体の筋肉を効率よく使えるので、関節への負担が減り、長く歩いても疲れにくくなります。歩くことは、もっとも身近な日常動作のひとつ。だからこそ、正しい姿勢・歩き方で体幹を鍛えながら歩けるようになりましょう。

今すぐできる！ 体幹バランスウォーキング

歩くことは、日常の動作として意識せずに行っている人も多いのですが、実はダイエット効果のある有酸素運動です。お腹に力を入れて、正しい姿勢で歩くだけで、体幹を鍛えることができます。

側面

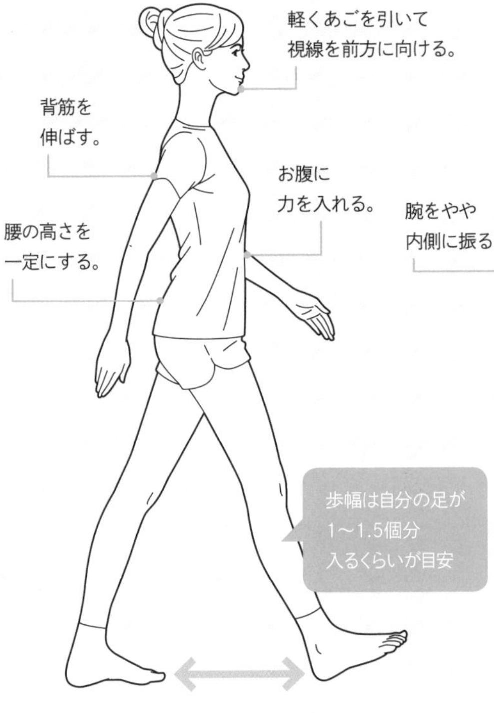
軽くあごを引いて
視線を前方に向ける。
背筋を
伸ばす。
お腹に
力を入れる。
腰の高さを
一定にする。
歩幅は自分の足が
1～1.5個分
入るくらいが目安

視線はまっすぐ前に向け、重心が前に傾かないようにし、腰の高さを一定にする。

正面

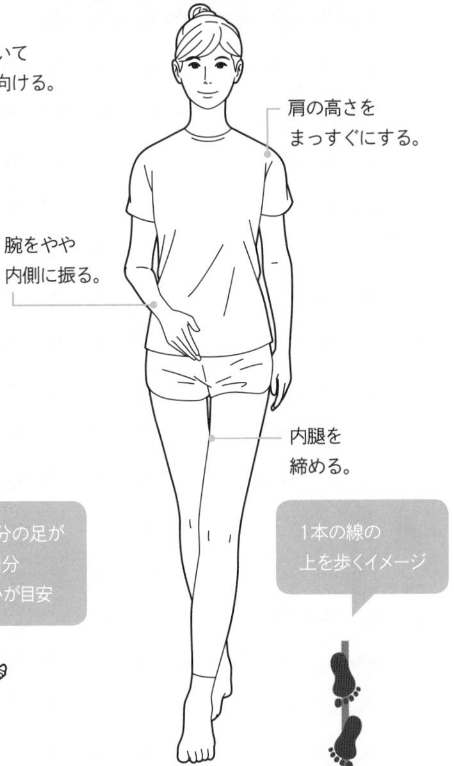
肩の高さを
まっすぐにする。
腕をやや
内側に振る。
内腿を
締める。
1本の線の
上を歩くイメージ

ひじは体から離れないようにして左右同じ力で振り、テンポよく歩く。

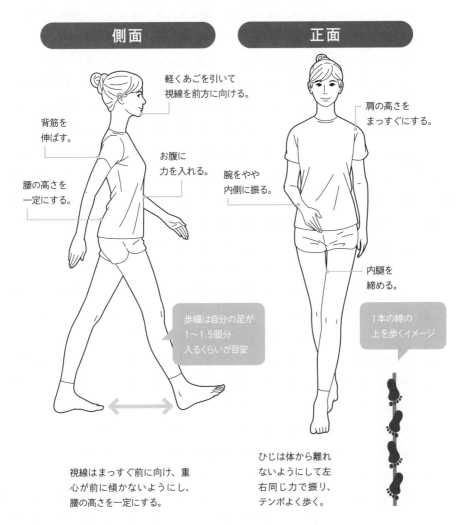

おわりに

体幹トレーニングをはじめるのに遅過ぎるということはありません。筋肉は何歳になっても鍛えられます。なにかひとつでも、小さなことからでよいので、今日から実践してみてください。

あなた自身の体が「変わった」ことに気づき、毎日の生活が今までよりも健康で快適になったと実感できれば、体幹トレーニングを継続するためのモチベーションになります。そして、なりたい自分になるための、強力なサポーターになってくれるはずです。

「継続は力なり」です。

本書をきっかけに、ひとりでも多くの方がご自身の可能性を引き出し、健康で豊かな暮らしへとリスタートするきっかけになることを祈っています。

一般社団法人JAPAN体幹バランス指導者協会
代表　木場克己

KOBA's TAIKAN BALANCE
KOBA☆トレ S License

「KOBA式体幹☆バランストレーニング(KOBA☆トレ)」はプロトレーナー・木場克己が考案したメディカル発想の体に優しい、安心・安全なトレーニングです。下記は「KOBA☆トレ」を指導できるSライセンス保持者の一覧です。

北海道
- 岸田直隼／Good治療院

福島県
- 伊藤彰彦／かまた鍼灸整骨院院長
- 小川智弘／小川接骨院

秋田県
- 菅原照太／にこにこ鍼灸整骨院

新潟県
- 佐藤涼／近江あおぞら整骨院
- 小林英樹／小林接骨院
- 加島智裕／なかじょう接骨院 新発田分院

宮城県
- 小島靖史／フリートレーナー

東京都
- 福井豊／【姿勢改善専門ジム】セブンスター
- 都築昭紀／つづき整骨院
- 五十嵐貴仁／いがらし接骨院
- 岡田敏秀／おかだ整骨院
- 小林永人／arK
- 菅澤豊／すがさわ整骨院
- 佐野秀樹／六町すまいる整骨院
- 渡部ハヤト／フリートレーナー フードアドバイザー
- 熊倉崇誠
- 平間利幸／フリートレーナー
- 小野塚悟子／株式会社ワイズケア
- 平和樹／やほ駅前鍼灸整骨院
- 宮川将志／ティップネス 吉祥寺店
- 渡辺裕介／ANYTIME FITNESS 南麻布3丁目店
- 小槫史織／トータル・ワークアウト六本木店
- 佐久間亮／リハビリ&メンテナンス からだケア整骨院
- 清水智弥／辰尾整形外科クリニック
- 川上卓耶／あさひが丘接骨院
- 石塚博／久我山ほがらか鍼灸整骨院
- 後藤智大／久我山ほがらか鍼灸整骨院
- 小西卓人／OVERLIGHT卓球道場
- 横溝拓美

神奈川県
- 遠藤浩隆／えんどう整骨院×E training studio∞
- 中島裕之／Nakajima整骨院
- 近藤廉／ふれあいの丘鍼灸整骨院
- 齊藤圭吾／なごみ整骨院
- 山口智也／とも鍼灸マッサージ治療室
- 柿原奈央子

千葉県
- 川上英勝／安心堂幕張接骨院
- 大野博／光ヶ丘ファミリー整骨院
- 稲田修平／勝田台総合整骨院

埼玉県
- 鈴木祥平／アスウェル鍼灸接骨院
- 冨永裕樹／戸田スポーツ接骨院
- 雨宮弥壱／戸田スポーツ接骨院
- 片山麻衣／戸田スポーツ接骨院
- 藤井琢也／ヒガシスポーツ鍼灸接骨院併設 トレーニング施設
- 岩本桂太／コスモポリタンメディカル 新越谷整骨院
- 大場紀和／コスモポリタンメディカル 氷川町整骨院
- 嘉藤啓輔／越谷誠和病院 リハビリテーション科
- 畑景大／コスモポリタンメディカル 東川口整骨院
- 須江幸代／スポーツクラブルネサンス蕨 ちあふる新体操クラブ ちあふる東川口駅RG
- 伊藤良太／レオパレス21シルバー事業部 あずみ苑 トレーニングスクールPhysical Land
- 柳沼拓也／やぎ鍼灸接骨院

茨城県
- 市村隆／ライフラボ
- 松本和良／高萩トレーニングスタジオ

群馬県
- 篠藤巧／日高デイトレセンター
- 小林謡希／てて整骨院 藤岡店

栃木県
- 落合義人／おちあい整骨院
- 福田高雄／Body toning アドマーニ NPO法人たかはら那須スポーツクラブ ヴェルフェ矢板

山梨県
- 川上満／Body-Conditioning Salon DiVA

静岡県
- 藤島裕介／藤島接骨院 体幹トレーニングスタジオcore&careスタジオ【grow up】
- 南和志／りく整骨院(院長)
- 栗田優／フリートレーナー
- 久保寺勇太／久保寺接骨院×体幹トレーニングスペースAnchor
- 藤森正和／フジ鍼灸接骨院
- 杉本将／みなり整骨院
- 石川長希／こころ接骨鍼灸マッサージ院
- 森藤僚祐／一般社団法人グローバルスポーツアカデミー【GSA】
- 三嶋隆司／千鳥(Chidori) NPO法人湖西市体育協会
- 蘆田友幸／芦田畳店
- 森田遼介／青島整形外科
- 鈴木真規／AOI-DO Premium Body Care 千代田店
- 海野廉太郎／理学療法士
- 太田由美／心と体の元気サポーター☆YSY

愛知県
- 鈴木孝平／RePRO TRAINING STUDIO(すずき接骨院併設)
- 山本貴嗣／トレーニングスタジオ Shiny
- 藤城秀規／芯 ～Sin～
- 森昇太／JPCスポーツ教室 あま店

岐阜県
- 小池雄大／こいけ接骨院
- 髙木宏昌／JPCスポーツ教室
- 棚橋宏／PeakUP Bodycare & Fitness
- 藤川倫典

富山県
- 近江純／コアスマイル
- 吉田大道／城北接骨院
- 新酒遼／SHIN鍼灸院

石川県
- 平木優／ヘミニス金沢フットボールクラブ コーチ・整形外科病院リハビリテーション科 柔道整復師
- 髙橋英樹／カイロプラクティック体幹スタジオ髙橋
- 福永真子／一般社団法人 かなざわ駅西スポーツアカデミートレーナー

福井県
- 吉田晋也／日光整骨院
- 牧野孝之／まきの接骨院
- 樫原康二／山正接骨院

奈良県
- 庄映二／接骨院たなごころ
- 南原智彦／NBodyLab(エヌボディラボ)
- 岡本純一／株式会社LAFH ろくじょう西整骨院
- 結城信吾／株式会社LAFH ろくじょう西整骨院
- 小泉武司/こいずみPT整骨院

大阪府
- 石山博喜／Pilates Room tone
- 玄山昌武／くろやま鍼灸整骨院
- 遠藤由貴／Space Brillo
- 高垣昭和／Axis Core Technology
- 築山弘一／体幹トレーニング教室守口
- 奥野晃司／おくの体幹教室
- 鎌田祐子／コスモ整骨治療院
- 佐藤美佑
- 横田洋／よこた針灸整骨院
- 新間節子
- 小林翔／白ひげ鍼灸整骨院

兵庫県
- 荒木健/フィジカルベーシックトレーニング
- 星加将孝／ほしか鍼灸接骨院
- 南牟禮豊藏／みなみむれ接骨院

岡山県
- 石崎豊
- 石橋彰祐／Stadio Gullit
- 藤井淳弘

鳥取県
- 藤尾貴文／米子三柳整体院

島根県
- 坂根太平／フリートレーナー

広島県
- 船木哲秀／体幹トレーニング教室・スポーツ整体アスルート
- 本田祐介／ゆうゆうトレーナールーム鍼灸整骨院
- 馬屋原隆世／広島リゾート&スポーツ専門学校
- 西本幸寛／パーフェクトストレッチ舟入本町店
- 小林真大／コパ整骨院

山口県
- 大谷乃里子／大谷整形外科
- 田口達也／大谷整形外科
- 徳永勇気／大谷整形外科

徳島県
- 岩佐晃弘／すまいる整骨院
- 河野磨／すまいる整骨院
- 福田真至／ハッピー阿南
- 射場潤一／いば整骨院
- 速井拓己／いば整骨院
- 大林大樹／いば整骨院
- 宮崎文男／みやざき整骨院
- 与能本和憲／ふれあい健康館

香川県
- 伊東勝／Asone Personal Studio／体幹トレーニング教室 futuro
- 冨田雅志／金剛禅総本山少林寺本部道院
- 岩井賢司／岡山大学病院 理学療法士

愛媛県
- 福岡裕二／笑顔☆からだ作り工房 南米広場
- 末永大樹／出張パーソナルトレーナー
- 石本信親／今治しまなみスポーツクラブ

福岡県
- 大谷成／フェニックス整骨院
- 内山忠幸／大濠鍼灸整骨院
- 新名康人／はりきゅう整骨院 康寿庵
- 山中祐太朗／やまなか整骨院
- 佐藤達也／はるまち駅前整骨院・鍼灸院
- 島崎裕樹／理学療法士
- 井上恵輔／めぐみ整骨院
- 山領悠介
- 宮﨑恭子／はりきゅう療院MANO(マノ)
- 内藤義之／福岡県高等学校教諭・(公財)日本体育協会公認トライアスロン指導員 (社)日本トライアスロン連合 高校生普及員
- 嶌田佳奈
- 池田光司
- 野田圭佐／パーソナルトレーナー
- 満田聖哉／合同会社縁 代表

佐賀県
- 水田広記／みずた整骨院
- 北﨑太一／理学療法士

大分県
- 柴田清寿／大分トリニータ トレーナー ブルーポイント鍼灸整骨院
- 山下活秀／活整骨院
- 北山凌大／ココロ整骨院

長崎県
- 野口敦史/あん整骨院

熊本県
- 後藤尭裕／大和整骨院

鹿児島県
- 竹田寛晃／フリートレーナー
- 北憲治／健康運動指導士 医療法人 慈風会 厚地健康増進センター
- 大田勝也／健康運動指導士 医療法人 慈風会 厚地健康増進センター
- 内木場文之／健康運動指導士 医療法人 慈風会 厚地健康増進センター
- 土生さとみ／studio m

沖縄県
- 山城修／ヤマシロ鍼灸整骨院
- 町田英美／株式会社ワイズケア ワイズ那覇天久整骨院
- 渡邊英昭／Le RINASCITA/ANYTIME FITNESS小禄店

著者

一般社団法人JAPAN体幹バランス指導者協会　**木場　克己（こば　かつみ）**

1965年生まれ、鹿児島出身。体幹トレーニングの第一人者としてKOBA☆トレを確立する。トップアスリートのトレーナーのほか、有名アーティストのサポートも務める。テレビ、雑誌など、メディア出演多数。企業での健康講演会、教育現場での体育指導など幅広い分野で健康を広める活動も行う。体幹トレーニング関連書籍の累計発行部数は265万部を突破。

Twitter@kobakatsumi　Instagram@kobakatsumi1226　https://kobakatsumi.jp

Instagramは
こちら

KOBAKATSUMI1226

【参考文献】

『「体幹」を鍛えるとなぜいいのか？』（著者 木場克己・PHP研究所）

『続ける技術、続けさせる技術』（著者 木場克己・ベストセラーズ）

『1週間で腹を凹ます体幹力トレーニング』（著者 木場克己・三笠書房）

『完全体幹強化術』（監修 木場克己・日本文芸社）

※このほかにも、多くの書籍やWebサイトを参考にしております。

BOOK STAFF

編集	今井綾子　森田有紀（オフィスアビ）
編集協力	松本美和
イラスト	内山弘隆
装丁・デザイン	成富英俊　中多由香　益子航平　宮島薫　大下哲郎（I'll products）

眠《ねむ》れなくなるほど面白《おもしろ》い

図解《ずかい》 体幹《たいかん》の話《はなし》

2021年 4 月10日　第1刷発行
2023年 6 月20日　第10刷発行

著　者	木場《こば》　克己《かつみ》
発行者	吉田　芳史
印刷・製本所	株式会社 光邦
発行所	株式会社日本文芸社
	〒100-0003
	東京都千代田区一ツ橋1-1-1 パレスサイドビル8F
	TEL.　03-5224-6460［代表］

内容に関するお問い合わせは、小社ウェブサイトお問い合わせフォームまでお願いいたします。

URL　https://www.nihonbungeisha.co.jp/

Printed in Japan　112210325-112230607Ⓝ10（300047）
ISBN 978-4-537-21883-1

編集担当：上原